Methoden der Produkt- entwicklung

von
Prof. Dr.-Ing. Werner Engeln
Hochschule für Gestaltung,
Technik und Wirtschaft
Pforzheim

Oldenbourg Industrieverlag München

Bibliografische Information Der Deutschen Bibliothek

Die Deutsche Bibliothek verzeichnet diese Publikation in der Deutschen
Nationalbibliografie; detaillierte bibliografische Daten sind im Internet
über <http://dnb.ddb.de> abrufbar

© 2006 Oldenbourg Industrieverlag GmbH
Rosenheimer Straße 145, D-81671 München
Telefon: (089) 45051-0
www.oldenbourg-industrieverlag.de

Lektorat: Elmar Krammer
Herstellung: Karl Heinz Pantke
Druck/Bindung: Offsetdruck Heinzelmann, München
Gedruckt auf säure- und chlorfreiem Papier

ISBN-10: 3-8356-3112-8
ISBN-13: 978-3-8356-3112-0

Vorwort

Die Zusammenarbeit unterschiedlicher Fachdisziplinen prägt heute die Produktentwicklung. Immer seltener arbeiten Spezialisten isoliert an der Entwicklung eines Produktes. Damit hängt auch der Erfolg eines Produktes am Markt von der erfolgreichen Zusammenarbeit der Disziplinen ab.

Methodisches Vorgehen unterstützt die Strukturierung der Entwicklungsaufgaben und optimiert so die Zusammenarbeit der unterschiedlichen Disziplinen. Außerdem fördert das methodische Vorgehen die Konzentration auf die wichtigen Arbeitsschritte der Produktentwicklung und hilft so, die Entwicklung eines Produktes gezielt und effizient voranzutreiben.

Die eigene Erfahrung bei der Beratung von Unternehmen in der Produktentwicklung gab den Anstoß für dieses Buch. In der Praxis hat sich gezeigt, dass Methoden nur sporadisch eingesetzt werden. Als Grund wird häufig der große Aufwand bei der Anwendung entsprechender Methoden genannt. Dabei wird aber meistens übersehen, wie hoch die Kosten sind, wenn später Modifikationen an fertig entwickelten Produkten notwendig werden oder Produkte gar vom Markt zurückgerufen werden müssen.

Das Buch wendet sich an Studierende, die sich in ihrem Studium mit der Produktentwicklung befassen, aber auch an die Praktiker in der Produktentwicklung. Es stellt die wichtigsten Methoden zur Entwicklung von Produkten dar und beschreibt die sinnvolle Abfolge der Arbeitsschritte bei der Entwicklung von Produkten. Ergänzt wird die Darstellung der Methoden durch einen Blick auf die Themen Wettbewerbsstrategien, Produktdesign und Wirtschaftlichkeitsrechnung. Die Wettbewerbsstrategie eines Unternehmens beeinflusst die Produktentwicklung. Diese trägt einen wichtigen Teil zur Umsetzung der Wettbewerbsstrategie bei, weshalb die Wettbewerbsstrategie eine wichtige Eingangsgröße für die Produktentwicklung ist.

Design ist heute bei vielen Produkten ein unverzichtbares Element und entscheidet wesentlich mit über den Erfolg oder Misserfolg eines Produktes am Markt. Deshalb wird ein, wenn auch nur kurzer Blick, auf dieses wichtige Thema geworfen. Die Entwicklung eines Produktes stellt für ein Unternehmen eine Investition dar, die sich lohnen muss. Dessen muss sich jede Mitarbeiterin und jeder Mitarbeiter in der Produktentwicklung bewusst sein. Überprüft wird die Wirtschaftlichkeit mit den Verfahren der Wirtschaftlichkeitsrechnung, deren wichtigste Vertreter in diesem Buch kurz erläutert werden.

Um beim Arbeiten mit dem Buch Anmerkungen und Ideen schnell festhalten zu können, wurde unterhalb des Textes jeweils etwas Platz gelassen. Das Buch eignet sich so gleichzeitig als Arbeitsbuch.

Ein solches Buch kann ohne entsprechende Unterstützung natürlich nicht entstehen. Zuerst möchte ich mich bei meiner Familie sehr herzlich bedanken, die doch einige Stunden auf mich verzichten musste. Mein Dank gilt auch Herrn Prof. Jürgen Goos von der Fakultät für Gestaltung der Hochschule Pforzheim sowie Herrn Dr. Hansjörg Volz. Unterstützung habe ich zudem bei den Mitarbeiterinnen und Mitarbeitern der Krehl & Partner Unternehmensberatung, die zu den herausragenden Experten auf dem Gebiet der Produktentwicklung gehören, gefunden. Hierfür vielen herzlichen Dank. Für die kritische Durchsicht des Entwurfs möchte ich mich an dieser Stelle bei Frau Luzia Schuhmacher bedanken.

Leider lassen sich trotz sorgfältigen Korrekturlesens Fehler nicht ganz vermeiden. Für solche Fehler bitte ich schon jetzt um Entschuldigung und Nachsicht. Bitte besitzen Sie die Freundlichkeit und teilen mir gefundene Fehler mit. Zudem möchte ich alle Leserinnen und Leser bitten, sachliche Kritik und Anregungen zu dem Buch an mich weiterzuleiten.

Aus Gründen der besseren Lesbarkeit habe ich, insbesondere auch nach Gesprächen mit Studentinnen und Mitarbeiterinnen, im Verlauf des Buches nicht jeweils die weibliche und männliche Form verwendet. Ich bitte um Nachsicht.

Ich wünsche nun allen Studierenden und Praktikern viel Spaß beim Arbeiten mit dem Buch.

Pforzheim, August 2006

Inhaltsverzeichnis

1   Einleitung

Der Erfolg eines Unternehmens steht in direktem Zusammenhang mit dem Erfolg seiner Produkte im Markt. Nicht marktkonforme Produkte führen zu wirtschaftlichen Problemen in Unternehmen. Die Entwicklung neuer Produkte ist für Unternehmen von vielen Unsicherheiten begleitet. Unternehmen entwickeln heute Produkte für den Markt von morgen. Welche Anforderungen der Markt aber morgen an die Produkte stellt, kann nur mit begrenzter Sicherheit vorhergesagt werden. Zudem muss sich jedes Unternehmen darüber im Klaren sein, dass gleichzeitig mit der eigenen Produktentwicklung auch die Wettbewerber an neuen Produkten arbeiten, vielleicht aber auch noch Unternehmen, die bis zu diesem Zeitpunkte noch nicht als Wettbewerber aufgetreten und damit noch unbekannt sind.

Die Produktentwicklung wird aktuell durch folgende wichtige Trends beeinflusst:

♦ Die zunehmende Marktdynamik fordert in fast allen Branchen kürzere Produktentwicklungszeiten.

♦ Die Komplexität der meisten Produkte hat stark zugenommen, gleichzeitig muss bei kürzeren Produktentwicklungszeiten eine hohe Produktqualität sichergestellt werden.

♦ Vielfach bestimmen Produkte den Markt, die ihre Funktionalität aus dem Zusammenwirken von Lösungen unterschiedlicher Disziplinen, z.B. Maschinenbau, Elektronik und Informatik, beziehen.

♦ Aus der Individualisierung der Kundenwünsche ergibt sich die Forderung nach einer möglichst großen Zahl an Produktvarianten, die dann genauer zu den Kundenwünschen passen.

♦ Die Qualität eines Produktes als Differenzierungsmerkmal reicht nicht mehr aus. Auch die Wettbewerber liefern Produkte hoher Qualität.

♦ Die Herstellkosten eines Produktes dominieren vielfach den Entwicklungsprozess, da die Kunden sich beim Kauf sehr preisbewusst entscheiden.

♦ Produkte werden häufig in Verbünden mit externen Partnern, Entwicklungsdienstleistern oder Lieferanten, entwickelt.

Diesen Herausforderungen muss sich die Produktentwicklung stellen. Unterstützen kann dabei eine systematische, auf Methoden aufbauende, Vorgehensweise. Eine

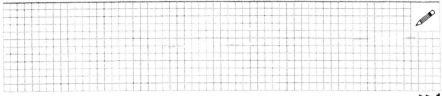

solche methodische Vorgehensweise wird in diesem Buch beschrieben. Natürlich können aufgrund der bewussten Beschränkung der Seitenzahl nicht alle Aspekte der Entwicklung eines Produktes berücksichtigt werden. Es werden aber die wichtigsten Schritte und Methoden behandelt, um ausgehend vom Auftrag oder Ideen zielgerichtet ein Produkt zu entwickeln.

Bevor allerdings die eigentliche Methodik beschrieben wird, werden zuerst die wichtigen Begriffe im Zusammenhang mit der Produktentwicklung geklärt. Zudem werden wichtige Randbedingungen der Produktentwicklung, die sich aus der Wettbewerbsstrategie des Unternehmens ergeben, betrachtet.

2 Produkt

2.1 Definition des Begriffs Produkt

Was versteht man nun eigentlich unter einem Produkt? Im *Bild 2.1-1* sind Beispiele für Produkte verschiedener Art und Komplexität dargestellt.

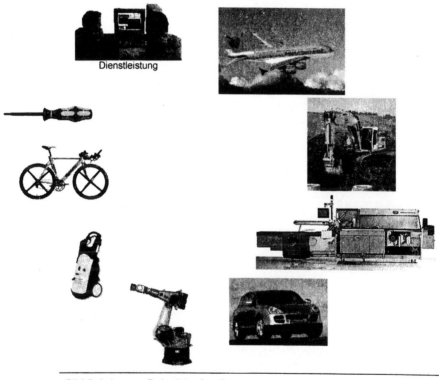

Dienstleistung

Bild 2.1-1:   *Beispiele für Produkte unterschiedlicher Art und Komplexität*

Bei einem Produkt kann es sich um ein einfaches Objekt handeln, wie beispielsweise um einen Schraubendreher, oder aber um ein hochkomplexes Objekt, wie ein Verkehrsflugzeug. Produkte sind aber nicht nur diese materiellen Objekte, sondern auch immaterielle Dinge, wie beispielsweise Software, Entwicklungs- oder Beratungsdienstleistungen. Diese immateriellen Produkte können als eigenständige Produkte im Markt angeboten werden oder als Bestandteil der materiellen Produkte.

Die Literatur enthält eine Vielzahl von **Definitionen** für den Begriff **Produkt**. Nachfolgend einige Beispiele:

KOTLER/BLIEMEL [2/1]:
„Ein Produkt ist, was einem Markt angeboten werden kann, um es zu betrachten und zu beachten, zu erwerben, zu gebrauchen oder zu verbrauchen und somit einen Wunsch oder ein Bedürfnis zu erfüllen."

BROCKHOFF [2/2] definiert:
„...ein Produkt als eine im Hinblick auf eine erwartete Bedürfnisbefriedigung beim bekannten und unbekannten Verwender von einem Anbieter gebündelte Menge von Eigenschaften, die zum Gegenstand eines Tauschs werden soll, um mit der im Tausch erlangten Gegenleistung zur Erfüllung der Anbieterziele beizutragen."

ULRICH / EPPINGER [2/3]:
„A product is something sold by an enterprise to its customers."

Hier soll folgende einfache Definition verwendet werden:

> **Als *Produkt* sollen alle Leistungen materieller und immaterieller Art gelten, die ein Unternehmen im Markt anbietet, um seine Unternehmensziele zu erreichen.**

Diese Definition beschreibt den erweiterten Produktbegriff, der sowohl materielle wie auch immaterielle Güter umfasst.

Die nachfolgend beschriebene systematische Vorgehensweise ist sowohl für **materielle Güter** wie auch für **immaterielle Güter** einsetzbar. Bei der Gestaltung der Produkte im Detail sind natürlich produktspezifische Vorgehensweisen notwendig.

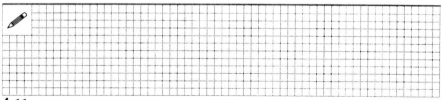

2.2   Wert eines Produktes

Eine wichtige Rolle bei der Kaufentscheidung der Kunden und der Entscheidung eines Unternehmens, ein bestimmtes Produkt zu produzieren, spielt dessen Wert. Wie ist nun der Wert eines Produktes definiert? Allgemein lässt sich der Wert eines Produktes formulieren als:

$$Wert = \frac{Nutzen}{Aufwand}$$

Ein Produkt besitzt also einen hohen Wert, wenn es bei einem geringen Aufwand einen großen Nutzen bringt. Diese allgemeine Formulierung soll nun übertragen werden auf die Sicht des Herstellers und der Kunden. Es zeigt sich, dass sich jetzt zwei unterschiedliche Definitionen ergeben.

Für den Hersteller ergibt sich daraus folgende Definition:

$$Wert = \frac{Gewinn}{Kosten}$$

Für den Hersteller ist der Wert eines Produktes am größten, wenn es bei niedrigen Kosten für seine Entwicklung einen maximalen Gewinn erwirtschaftet. Im Kapitel 9 werden die Kosten im Zusammenhang mit der Entwicklung genauer beschrieben. Der Gewinn berechnet sich aus der Differenz zwischen dem am Markt erzielbaren Preis und den Selbstkosten des Produktes. In den Kosten sind alle im Zusammenhang mit der Produktentwicklung anfallenden Kosten bis zur Serienreife zusammengefasst, die so niedrig wie möglich sein sollen.

Der Wert eines Produktes aus Kundensicht kann formuliert werden als:

$$Wert = \frac{Bedürfnisbefriedigung}{Aufwand}$$

Als Nutzen soll hier allgemein die Fähigkeit eines Produktes zur Befriedigung der Kundenbedürfnisse verstanden werden. Dabei sind die Kundenbedürfnisse natürlich sehr stark abhängig von der Art des Produktes und beispielsweise bei einem Pkw

anders als bei einem Schmuckstück. Der Aufwand ist der vom Kunden zu zahlende Preis zum Erwerb des Produktes, plus die von dem Produkt während seiner Lebensdauer verursachten Kosten wie beispielsweise Energie-, Instandhaltungs- und Entsorgungskosten.

Die Produktentwicklung findet nun im Spannungsfeld zwischen den Wertvorstellungen der Kunden und den Wertvorstellungen des Unternehmens statt, die teilweise widersprüchlich sind. Wichtig ist es deshalb, vor Beginn der Entwicklung, die wertbestimmenden Faktoren des Unternehmens und der Kunden zu kennen.

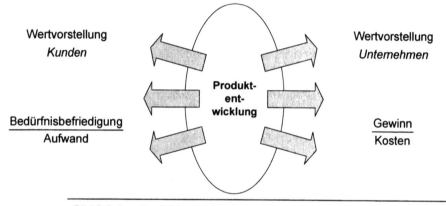

Bild 2.3-1: *Produktentwicklung im Spannungsfeld zwischen den Wertvorstellungen der Kunden und des Unternehmens*

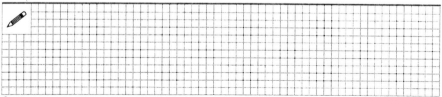

Die Aufgabe der Produktentwicklung besteht darin, Produkte zu entwickeln, die sowohl der Wertvorstellung der Kunden als auch der Wertvorstellung des Unternehmens entsprechen.

Wie finden die wertbeschreibenden Faktoren nun Eingang in die Produktentwicklung?

Bedürfnisbe-   Die Bedürfnisse der Kunden fließen in Form der Anforderungen in
friedigung: die Entwicklung ein.

Aufwand: Der Aufwand wird in Form des Zielmarktpreises, bei Investitionsgütern kommen zusätzlich die Lebensdauerkosten hinzu, bei der Produktentwicklung berücksichtigt.

Gewinn: Der Gewinn fließt über die Ziel-Herstellkosten, abgeleitet aus dem Zielmarktpreis, in die Entwicklung mit ein.

Kosten: Dieses sind die Selbstkosten des Produktes, die wesentlich durch seine Herstellkosten bestimmt werden aber auch die Kosten für die eigentliche Entwicklung des Produktes enthalten.

2.3   Merkmale eines Produktes

Die Produktmerkmale beschreiben die Eigenschaften eines Produktes und legen seinen Wert fest. Sie können in drei Gruppen unterteilt werden: die kundenrelevanten Merkmale, die herstellerrelevanten Merkmale und die umwelt- und gesellschaftsrelevanten Merkmale.

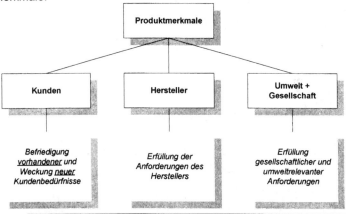

Bild 2.3-1:   Unterteilung der Merkmale eines Produktes in drei Merkmalsgruppen

Jedes Produkt stellt eine Kombination aus den Einzelmerkmalen dar. Die **kundenre-**

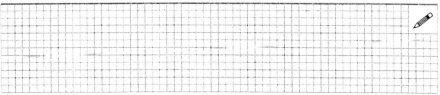

levanten Merkmale dienen dazu, vorhandene Kundenbedürfnisse zu befriedigen und neue Kundenbedürfnisse zu wecken. Das nachfolgende Bild zeigt die wichtigsten Produktmerkmale, die zu dieser Gruppe gehören.

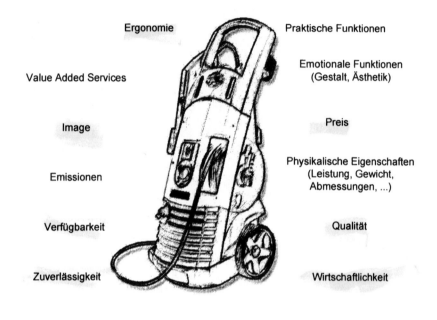

Ergonomie   Praktische Funktionen

Value Added Services   Emotionale Funktionen (Gestalt, Ästhetik)

Image   Preis

Emissionen   Physikalische Eigenschaften (Leistung, Gewicht, Abmessungen, ...)

Verfügbarkeit   Qualität

Zuverlässigkeit   Wirtschaftlichkeit

Bild 2.3-2:   *Wichtige Merkmale eines Produktes aus der Sicht des **Kunden** [Produktbild: Werksbild Alfred Kärcher GmbH & Co. KG]*

Wie wichtig ein bestimmtes Merkmal für ein Produkt ist, hängt von der Art des Produktes ab. Emotionale Funktionen sind beispielsweise bei einem Pkw wesentlich wichtiger, als bei einer Werkzeugmaschine. Unterschiedliche Produktarten erfordern also eine unterschiedlich starke Ausprägung der einzelnen Merkmale. Außerdem können beim gleichen Produkt in verschiedenen Marktsegmenten die Merkmale unterschiedlich wichtig sein.

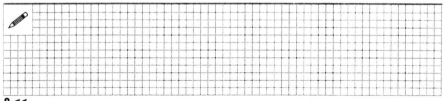

praktische Funktionen:	Praktische Funktionen dienen der sachlichen Nutzung des Objektes. Sie lassen sich präzise benennen und beschreiben.
emotionale Funktionen:	Emotionale Funktionen vermitteln sich über die sinnliche Wahrnehmung und entfalten eine psychische Wirkung. Sie sind subjektiv und bieten Spielraum für Interpretation.
physikalische Eigenschaften:	Hierunter sollen alle Eigenschaften des Produktes wie Form, Gewicht, geometrische Abmessungen, Werkstoff, Oberfläche, etc. zusammengefasst werden.
Wirtschaftlichkeit:	Fasst alle durch das Produkt während seiner Nutzung verursachten Kosten zusammen: Betriebskosten, Wartungs- und Instandhaltungskosten, Entsorgungskosten, etc., soweit diese für das Produkt relevant sind.
Verfügbarkeitt:	Je nach Produkt ist die Entscheidung zum Kauf auch davon abhängig, ab wann der Kunde das Produkt tatsächlich nutzen kann.
Value Added Services:	Hierunter fallen Sekundärleistungen, beispielsweise Kundendienst, Finanzierung, die zusätzlich zum Primärprodukt angeboten werden, siehe hierzu auch [2/4].

Je besser die Produktmerkmale zu den Kundenbedürfnissen passen, umso größer sind die Chancen des Produktes im Markt. Für die Produktentwicklung bedeutet dieses, die Kundenbedürfnisse möglichst genau zu kennen, um die Produktmerkmale so gut wie möglich darauf abzustimmen. Allerdings ist zu beachten, dass die **Kundenbedürfnisse nicht statisch** sind, sie verändern sich. Diese Veränderung der Kundenbedürfnisse kann ausgelöst werden durch gesellschaftliche Veränderungen, durch Wettbewerbsprodukte oder aber durch die eigenen Produkte.

Die Veränderung der Kundenbedürfnisse hat natürlich Auswirkungen auf den Produktentwicklungsprozess. Werden die Anforderungen an ein Produkt bei der Entwicklung zu früh eingefroren, so fließen Veränderungen während der verbleibenden Entwicklungszeit nicht mehr in das Produkt ein. Kommt das Produkt dann in den

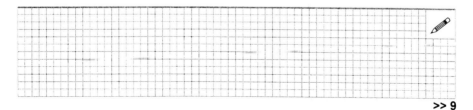

Markt, so entspricht es schon nicht mehr den Kundenbedürfnissen. Der Entwicklungsprozess ist demnach so zu gestalten, dass die Anforderungen möglichst spät eingefroren werden. In [2/4] wird dieses auch am Beispiel der Elektronikindustrie belegt.

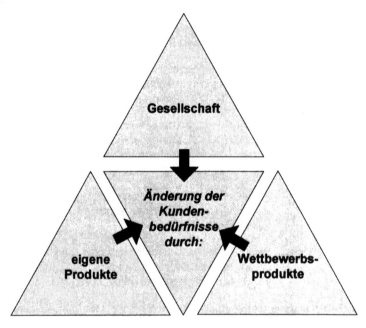

Bild 2.3-3:   *Veränderung der Kundenbedürfnisse durch Umwelt, eigene Produkte oder Wettbewerbsprodukte*

Die **kundenrelevanten Merkmale** eines Produktes sind für dessen Erfolg am Markt, und damit für **Absatz** und **Umsatz** des Unternehmens verantwortlich. Ob mit dem Produkt aber ein positiver Deckungsbeitrag erwirtschaftet werden kann, ist nicht nur von den kundenrelevanten Merkmalen abhängig, sondern in großem Maße auch von den **herstellerrelevanten Merkmalen**, *Bild 2.3-4*. Diese Merkmale haben sehr großen Einfluss auf die Entwicklungs- und Herstellkosten des Produktes.

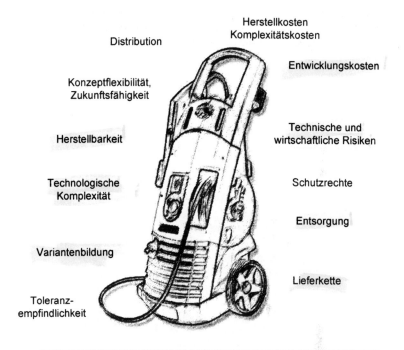

Herstellkosten
Komplexitätskosten

Distribution

Entwicklungskosten

Konzeptflexibilität,
Zukunftsfähigkeit

Herstellbarkeit

Technische und
wirtschaftliche Risiken

Technologische
Komplexität

Schutzrechte

Entsorgung

Variantenbildung

Lieferkette

Toleranz-
empfindlichkeit

Bild 2.3-4:	*Wichtige Merkmale eines Produktes aus der Sicht des **Herstellers** [Produktbild: Werksbild Alfred Kärcher GmbH & Co. KG]*

Komplexitätskosten:	Kosten, die sich aus der Produktkomplexität ergeben. Im Wesentlichen handelt es sich um vielfaltsinduzierte Kosten, durch Varianten-, Teile-, Lieferanten- und Kundenvielfalt.
Technische und wirtschaftliche Risiken:	Jede Produktentwicklung führt zu einem gewissen Maß an Neuerungen. Bei neuen technischen Lösungen besteht immer das Risiko, dass diese noch nicht in ausreichendem Maße in der Serie erprobt sind und damit für die Qualität

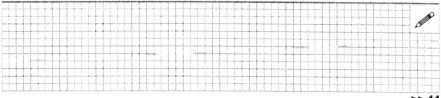

des Serienproduktes ein Risiko bedeuten. Auch der Markt kann einem neuen Produkt ablehnend gegenüberstehen, obwohl die technische Lösung ausgereift ist. Deshalb ist für ein neues Produkt eine entsprechende Abschätzung des technischen und wirtschaftlichen Risikos notwendig.

Entsorgung: Aufgrund von Gesetzen sind die Hersteller von Produkten immer häufiger gezwungen, am Ende des Produktlebensdauer für eine umweltgerechte Entsorgung zu sorgen. Diese muss schon bei der Entwicklung durch die Verwendung entsprechender Werkstoffe bzw. die entsprechende Gestaltung des Produktes berücksichtigt werden.

Produktstruktur: Diese beschreibt den strukturellen Aufbau des Produktes, auch als Produktarchitektur bezeichnet. Über die Produktstruktur wird die Art und Anzahl der Komponenten des Produktes sowie die Art und Anzahl der Beziehungen der Komponenten untereinander beschrieben. Durch eine sinnvolle Strukturierung (Baukasten, Plattformen, etc.) kann die Komplexität des Produktes reduziert werden.

Varianten: Vorhandene Produktvarianten sowie die Möglichkeit, zukünftig Varianten zu bilden. Die Variantenbildung eines Produktes ist eng mit den kundenrelevanten Merkmalen sowie der Produktstruktur verknüpft.

Technologische Komplexität: Dieses Merkmal erfasst die Komplexität der in dem Produkt verwendeten Technologien.

Herstellbarkeit: Beinhaltet die fertigungs- und montagegerechte Gestaltung des Produktes sowie die Komplexität der zur Herstellung des Produktes notwendigen Fertigungstechnologien.

Distribution: Umfasst alle notwendigen Schritte, das Produkte für den Kunden nutzbar zu machen; Verpackung, Transport bis hin zur ggf. notwendigen Inbetriebnahme beim Kunden.

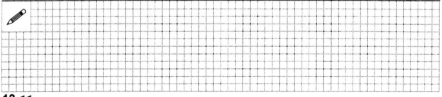

Konzeptflexibilität und Zukunftsfähigkeit:	Dieses Merkmal beschreibt die Möglichkeiten, das Produkt ohne grundlegende Weiterentwicklung oder gar Neuentwicklung an sich verändernde Randbedingungen, z.B. Änderung von Gesetzen, Änderung von Kundenbedürfnissen anzupassen.

Mit den **umwelt- und gesellschaftsrelevanten Merkmalen** werden Merkmale erfasst, die sich aus **Gesetzen, Normen** und **Richtlinien** in den jeweiligen Zielmärkten ergeben und zwangsläufig eingehalten werden müssen. Beispiele sind: Gesetze, die die vom Produkt ausgehenden Gefahren begrenzen (CE-Konformität) oder Emissionsrichtlinien, welche die Emission von Abgasen, Lärm begrenzen.

Neben der hier dargestellten Form der Merkmalsgliederung von Produkten findet sich in DIN 2330 [2/5] eine etwas andere Darstellung. Eine Auflistung von unterschiedlichen Produktmerkmalen aus konstruktionswissenschaftlicher Sicht wird in [2/6] beschrieben.

2.4 Neuigkeitsgrad eines Produktes

Der Neuigkeitsgrad eines Produktes hat wesentlichen Einfluss auf die Produktentwicklung. Dabei ist es auch hier wichtig, den Neuigkeitsgrad aus der Sicht des Marktes (Kunden) und aus der Sicht des Unternehmens zu sehen, *Bild 2.4-1*.

Heute fordert der intensive Wettbewerb von den Unternehmen, ihren Kunden ständig neue Produkte anzubieten, um so Kaufanreize zu schaffen. Intern wird ein Unternehmen aber bestrebt sein, diese neuen Produkte mit möglichst geringem internen Aufwand zu realisieren, also möglichst viele Elemente von bestehenden Produkten wieder zu verwenden. Bei einer hohen Wiederverwendungsquote werden weniger neue Elemente benötigt, wodurch der Entwicklungsaufwand und das Entwicklungsrisiko geringer werden. Ansätze um dieses zu realisieren sind Baukästen, Plattformen oder die Modulbauweise. So lassen sich Produkte mit einem hohen Neuigkeitsgrad für den Markt entwickeln, bei gleichzeitig geringem Neuigkeitsgrad und damit auch geringem Risiko für das Unternehmen.

Natürlich lässt sich dieses nicht immer realisieren, so dass auch in Abständen komplett neue Produkte in den Markt gebracht werden müssen, die sowohl für das Unternehmen wie auch für den Markt einen hohen Neuigkeitsgrad besitzen.

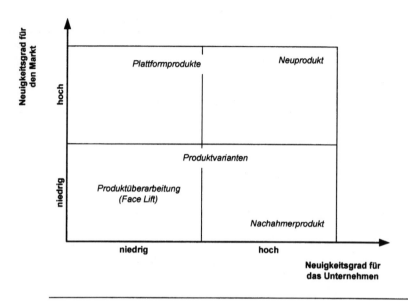

Bild 2.4-1:   *Neuigkeitsgrad eines Produktes aus Sicht des Marktes und des Unternehmens*

Hoher Neuigkeitsgrad für das Unternehmen bei niedrigem Neuigkeitsgrad für den Markt ergibt sich bei beispielsweise bei Nachahmerprodukten. Hat ein Wettbewerber zum eigenen Unternehmen ein neues Produkte mit neuen, bisher nicht eingesetzten Technologien in den Markt gebracht, so sind diese den Kunden bereits bekannt. Die neuen Technologien können aber für das eigene Unternehmen noch unbekannt sein. Die Entwicklung eines ähnlichen Produktes stellt in diesem Fall für das eigene Unternehmen eine besondere Herausforderung dar, obwohl aus Sicht des Marktes nur ein Produkt entsteht, das für den Markt nur noch einen niedrigen Neuigkeitsgrad besitzt.

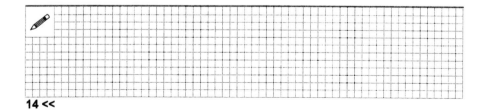

3 Produktentwicklungsprozess

3.1 Anstoß von Entwicklungsprojekten

Eine grundlegende Frage im Zusammenhang mit der Produktentwicklung lautet: Warum entwickeln Unternehmen überhaupt neue Produkte oder vorhandene Produkte weiter?

Ziel eines Unternehmens, abgesehen von einigen Ausnahmen, muss es sein, Gewinn zu erwirtschaften. Dazu benötigt es wettbewerbsfähige Produkte. Die Wettbewerbsfähigkeit eines Produktes ist aber keine statische Größe. Produkte verlieren am Markt mit der Zeit an Wettbewerbsfähigkeit.

Reaktion auf unternehmensexterne Veränderungen:	◆ Wettbewerbsprodukte, durch die das eigene Produkt Marktanteile verliert ◆ Kundenbedürfnisse verändern sich ◆ neue gesetzliche Vorschriften ◆ Änderung der gesellschaftlichen Rahmenbedingungen ◆ neue Technologien ◆ Veränderungen der Lieferbeziehungen
Reaktion auf unternehmensinterne Veränderungen:	◆ Anstieg der Kosten ◆ veränderte Unternehmensstrategie ◆ neue Technologien
Intuitiv	Entwicklung neuer Produkte aufgrund von Ideen einzelner Personen oder von Gruppen.
Systematische Suche	Systematisch, methodische Suche nach neuen Produktideen zur aktiven Veränderung des Marktes.
Kundenauftrag	Entwicklung eines Produktes aufgrund des Auftrags eines externen oder internen Kunden.

Tabelle 3.1-1: *Gründe für die Weiter- oder Neuentwicklung von Produkten*

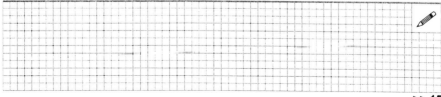

Ein Unternehmen muss also zur Erhaltung der Wettbewerbsfähigkeit seiner Produkte diese weiterentwickeln oder durch neue Produkte ersetzen. Der Anstoß zur Entwicklung kann dabei auf unterschiedliche Arten erfolgen, wie *Tabelle 3.1-1* zeigt. Häufig reagieren Unternehmen mit der Entwicklung von Produkten nur auf Veränderungen im Markt, die den Verlust von Marktanteilen und damit weniger Gewinn bedeuten. Grundvoraussetzung ist natürlich, dass im Unternehmen Instrumentarien vorhanden sind, um die Veränderungen zu erkennen. Andere Unternehmen versuchen, selbst aktiv den Markt zu beeinflussen, um ihre Gewinnziele zu erreichen. Welchen Weg ein Unternehmen gehen möchte, hängt von der gewählten Wettbewerbsstrategie ab, deren Einfluss auf die Produktentwicklung im Kapitel 4 behandelt wird.

3.2 Modelle des Produktentwicklungsprozesses

Die Gestaltung des Produktentwicklungsprozesses in einem Unternehmen ist stark vom Produkt, dem Umfeld und seinen strategischen Zielen abhängig.

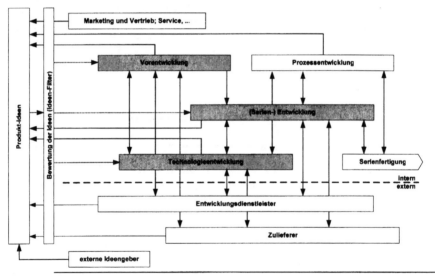

Bild 3.2-1:   *Mögliche Strukturierung der Produktentwicklung in einem Unternehmen*

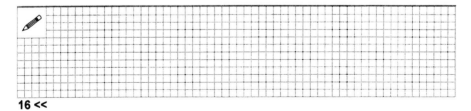

Eine Form zur Strukturierung der Produktentwicklung zeigt *Bild 3.2-1.* Danach wird die interne Entwicklung unterteilt in die Bereiche **Vorentwicklung**, **Entwicklung**, auch als Serienentwicklung bezeichnet, und die **Technologieentwicklung**. Die interne Entwicklung wird häufig unterstützt durch externe Entwicklungspartner, wozu Zulieferer oder Entwicklungsdienstleister gehören.

Ausgangspunkt für die Entwicklung eines Produktes sind **Produktideen**. Quellen für neue Produktideen sind beispielsweise Vertrieb und Marketing, Kunden, Entwicklungsbereiche, externe Ideengeber wie Hochschulen, Forschungseinrichtungen, Berater oder auch Wettbewerbsunternehmen. Die Ideen sind einer Bewertung zu unterziehen, um so die herauszufiltern, die am ehesten zu erfolgreichen Produkten führen. Sind die Ideen ausgewählt, so ist die grundsätzliche Entscheidung zu treffen, welcher Entwicklungsbereich diese Ideen weiterverfolgen oder ob gar die Entwicklung extern durchgeführt wird.

Im Bereich der **Vorentwicklung** werden Produktideen weiterverfolgt, die einen hohen Neuigkeitsgrad aufweisen und Grundlagenuntersuchungen erfordern. In welchem Entwicklungsstadium die Übergabe des Produktes von der Vorentwicklung in die (Serien-)Entwicklung erfolgt, ist dabei sehr unterschiedlich. Der Konkretisierungsgrad reicht vom Produktkonzept bis hin zum erprobten Prototypen. Der Übergang von der Vor- zur (Serien-)Entwicklung zeigt sich in vielen Unternehmen als Schwachpunkt, da die Schnittstelle nicht ausreichend geklärt ist.

Die Entwicklung zum serienreifen Produkt erfolgt in der (Serien-)**Entwicklung**, in enger Abstimmung mit den betroffenen Bereichen wie Produktion, Vertrieb und Marketing, etc. Teilwiese erfolgt dabei auch schon die Einbeziehung von Lieferanten. Entsprechend werden Ideen zur Weiterentwicklung von Produkten, die sich nahe am bestehenden Produkt befinden, auch direkt in der Serienentwicklung weiterverfolgt.

In der **Technologieentwicklung** werden grundlegende Technologien für die Produkte des Unternehmens entwickelt. Dabei konzentriert sich die Technologieentwicklung meist auf solche Technologien, die Kernelemente der Produkte darstellen und somit wichtig sind für die Sicherung der Wettbewerbsfähigkeit.

Zwischen den einzelnen Entwicklungsbereichen, möglichen externen Entwicklungspartnern sowie anderen Unternehmensbereichen wie Vertrieb, Marketing und Produktion ist eine intensive Kommunikation notwendig, verdeutlicht durch die Pfeile im *Bild 3.2-1.* Alle an der Entwicklung beteiligten Bereiche sind gleichzeitig auch potenzielle Ideengeber für die Weiterentwicklung vorhandener Produkte oder die Entwicklung neuer Produkte.

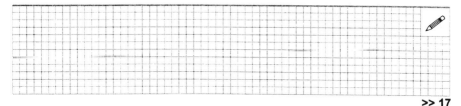

Eine weitere Vertiefung der Entwicklungsstrukturierung in einem Unternehmen soll hier nicht erfolgen. Nachfolgend soll genauer auf den eigentlichen Produktentwicklungsprozess eingegangen werden. Für diesen existieren unterschiedliche Modelle, von denen einige, die in der Industrie Anwendung finden, nachfolgend kurz vorgestellt werden sollen.

Stage-Gate-Prozess nach Cooper

Nach dem von Cooper entwickelten Stage-Gate-Prozess [3/1, 3/2] wird der gesamte Entwicklungsprozess, von der Idee bis zur Markteinführung, in diskrete, klar identifizierbare Abschnitte zerlegt. Typischerweise umfasst der Prozess fünf Abschnitte, *Bild 3.2-2*, je nach Komplexität kann die Anzahl aber zwischen drei und sechs variieren. Zwischen den einzelnen Abschnitten (Stages) müssen entsprechende Tore (Gates) passiert werden.

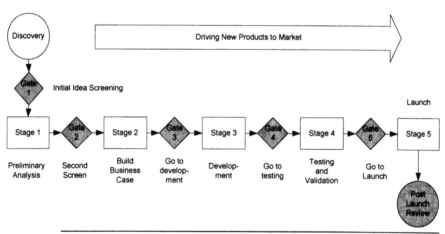

Bild 3.2-2:   *Stage-Gate-Prozess für die Entwicklung neuer Produkte von der Idee bis zur Markteinführung [3/2]*

Jeder der Abschnitte beinhaltet Aktivitäten, bei denen Informationen erarbeitet werden, um das nächste Gate zu durchschreiten. Die Gates erfüllen die Funktion eines Checkpoints, an dem die Qualität der bisherigen Aktivitäten überprüft und über Abbruch oder Fortsetzung des Entwicklungsprojektes entschieden wird. Bereits zu Be-

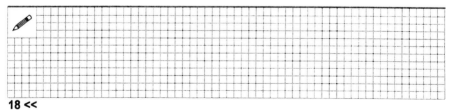

ginn des Projektes, spätestens aber zu Beginn eines Abschnitts, werden die Kriterien festgelegt, um die Gates zu passieren. Gates stellen harte und nicht zu überspringende Grenzen dar, alle Gates weisen ähnliche Strukturen auf. Die Gates dienen ebenfalls dazu, anhand von Kriterien Prioritäten für die weiteren Arbeiten zu setzen. Bei mehreren Projekten wird so die Priorität der Projekte festgelegt.

Produktentwicklungsprozess nach Eppinger/Ulrich

Nach dem einfachen Modell von Eppinger/Ulrich [3/3] wird der Entwicklungsprozess in sechs Phasen aufgeteilt, beginnend mit der Planung bis hin zum Produktionsstart, *Bild 3.2-3*.

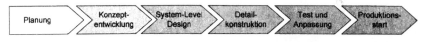

Bild 3.2-3:   *Modell des Produktentwicklungsprozesses nach Eppinger/Ulrich [3/3]*

Dieses Modell zeigt nur die serielle Abfolge der einzelnen Phasen des Prozesses. Die iterative Vorgehensweise bei der Entwicklung, die teilweise parallele Bearbeitung der einzelnen Phasen geht aus diesem Modell nicht hervor.

V-Modell

Das **V-Modell** wurde ursprünglich als Basis für die Entwicklung von Software definiert, in der VDI-Richtlinie 2206 [3/4] aber auf die Entwicklung mechatronischer Produkte übertragen *Bild 3.2-4*. Da heute im Maschinenbau sehr viele Produkte integrierte Produkte sind, die sowohl Elemente des Maschinenbaus, der Elektronik und der Informatik enthalten, ist die Übertragung des V-Modells auf solche Produkte sinnvoll.

Mit Hilfe des V-Modells soll deutlich gemacht werden, dass jeder Entwicklungsschritt entsprechend zu verifizieren ist, um sicherzustellen, dass die gestellten Anforderungen erfüllt werden. Schon während der Entwicklung sind so die notwendigen Prüfschritte und –kriterien festzulegen. Die Durchführung eines Entwicklungsprojektes entsprechend dem V-Modell ist somit gleichzeitig ein Beitrag zur Qualitätssicherung.

Das *Bild 3.2-4* zeigt den Ablauf einer Entwicklung nur sehr grob. Erkennbar ist in diesem Bild aber der domänspezifische Entwurf der verschiedenen Elemente des Pro-

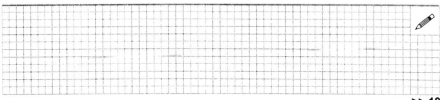

duktes. Dort kommen die zum jeweiligen Fachgebiet gehörigen Methoden und Werkzeuge zum Einsatz.

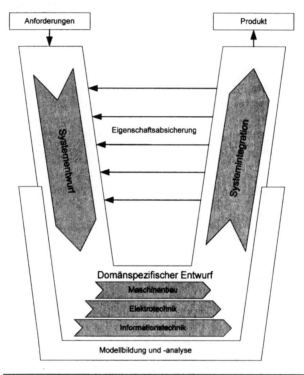

Bild 3.2-4: *V-Modell des Entwicklungsprozesses für mechatronische Systeme nach [3/4]*

Detaillierter aufgeschlüsselt ergibt sich das im *Bild 3.2-5* dargestellte V-Modell als Makromodell des Produktentwicklungsprozesses.

Das Modell ist fallweise auszuprägen. Ein komplexes mechatronisches Produkt wird dabei nicht innerhalb eines Makrozyklus entstehen, sondern es sind mehrere Durchläufe erforderlich.

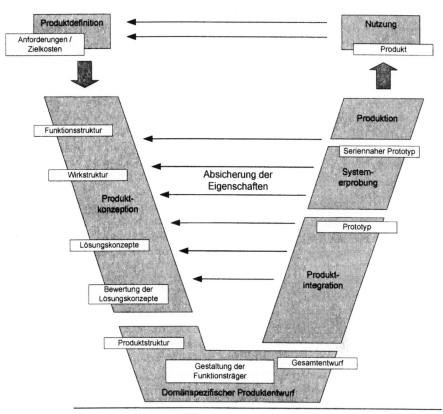

Bild 3.2-5: V-Modell mit Darstellung der wichtigsten Schritte des Produktentwicklungsprozesses

In der genannten VDI-Richtlinie [3/4] wird beispielhaft eine Entwicklung gezeigt, bei der im ersten Zyklus, ausgehend von den Anforderungen, ein Labormuster erstellt wird. Im zweiten Zyklus wird das Funktionsmuster realisiert bis hin zu fertigen Produkt.

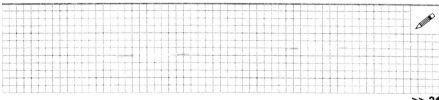

Entwicklungsphasen über der Zeit

Alle bisher vorgestellten Modelle leiden daran, dass sie zwar die Abfolge der einzelnen Entwicklungsphasen zeigen, nicht aber, dass die Phasen mit Blick auf kurze Entwicklungszeiten vielfach parallel abgearbeitet werden müssen. *Bild 3.2-6* zeigt ein Modell des Entwicklungsprozesses, von der Produktdefinition bis zur Produktgestaltung. Bei diesem ist die zeitliche Abfolge der Phasen erkennbar, die teilweise parallele Bearbeitung der einzelnen Phasen wird deutlich sowie die vielfach notwendigen Rück- und Vorsprüngen zwischen den einzelnen Phasen.

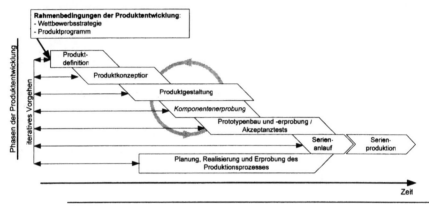

Bild 3.2-6:   *Entwicklungsphasen bei Serienprodukten*

Nach dem dargestellten Phasenmodell beginnt die Produktentwicklung mit der **Produktdefinition**, auch als Produktplanung bezeichnet. In dieser Phase werden die erforderlichen Eigenschaften des Produktes festgelegt. Die Produktdefinition und damit die gesamte Produktentwicklung wird von der **Wettbewerbsstrategie** des Unternehmens beeinflusst. Ihre Festlegung erfolgt, abgeleitet aus der Unternehmensstrategie, durch die Unternehmensleitung. In einem späteren Abschnitt des Buches werden die unterschiedliche Optionen der Wettbewerbsstrategie und ihr Einfluss auf die Produktentwicklung beschrieben. Aus der Unternehmensstrategie wird die Wettbewerbsstrategie abgeleitet, die dann als Basis für die Planung des **Produktprogramms** dient. Darin wird festgelegt, welche Produkte das Unternehmen wann für welche Märkte anbieten will.

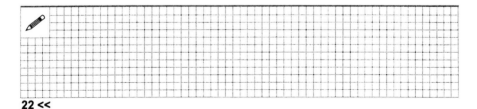

Auf der Basis der Daten der Produktdefinition werden in der anschließenden Phase der **Produktkonzeption** prinzipielle Lösungen für das zu entwickelnde Produkt erarbeitet. Hierbei gilt es, ein möglichst breites Lösungsspektrum aufzuspannen, aus dem dann, mit Hilfe einer systematischen Bewertung, geeignete Konzepte für die nächste Entwicklungsphase ausgewählt werden. An die Konzeptphase schließt sich die **Produktgestaltung,** auch als Produktentwurf bezeichnet, an. Die ausgewählten Prinziplösungen werden in dieser Phase Schritt für Schritt detailliert. Dabei werden die Produktstruktur festgelegt, geeignete technische Lösungen gesucht und Form, Gestalt, Abmessungen und Werkstoffe des Produktes festgelegt.

Eng verbunden mit der Produktgestaltung sind die verschiedenen Stufen der **Erprobungen.** Diese dienen dazu, die erdachten Lösungen auf ihre Tauglichkeit hin zu überprüfen. Der Umfang dieser Erprobungen, die der Qualitätssicherung dienen, hängt natürlich sehr stark von der Komplexität des Produktes ab. Trotz der heute vorhandenen Möglichkeit, digitale Prototypen sehr früh im Produktentwicklungsprozess aufzubauen, kann nur selten auf reale Prototypen verzichtet werden. Die detaillierte Nachbildung aller Produkteigenschaften und gegebenenfalls der notwendigen Umwelteigenschaften im Rechner ist meistens sehr aufwendig. Deshalb lassen sich alle Eigenschaften eines Produktes nur mit Versuchen am realen Prototyp ermitteln. Diese Ergebnisse fließen dann wiederum in den Produktentwicklungsprozess ein. Produktgestaltung, Komponentenerprobung, Prototyperprobung sind so iterative sehr eng miteinander verknüpft. Die Möglichkeiten der virtuellen Versuche werden in Zukunft weiter zu-nehmen, was letztlich zu einer Verkürzung der Produktentwicklungszeiten führt.

Für jede Phase gilt, dass Rücksprünge zu vorherigen Entwicklungsphasen notwendig werden können, falls durch Erkenntnisse aus einer nachfolgenden Phase festgestellt wird, dass die gewählte Lösung ungeeignet ist. Die vereinfachte Darstellung des Entwicklungsprozesses zeigt, dass mit Blick auf Entwicklungsdauer und –kosten Prozessschritte überlappend bearbeitet werden müssen. Dieses verlangt häufig eine frühzeitige Festlegung auf Lösungen, ohne dass es zu diesem Zeitpunkt möglich ist, die Auswirkungen dieser Festlegung vollständig abzusehen. Treten dadurch im weiteren Entwicklungsverlauf Probleme auf, so hat das Auswirkungen auf die Entwicklungszeit und die Qualität des Produktes.

Parallel zu der Entwicklung des Produktes wird ein Unternehmen die Prozesse für die Herstellung und den Vertrieb des neuen Produktes aufbauen und erproben.

Das im vorherigen Bild dargestellte Modell beschreibt den Entwicklungsprozess für

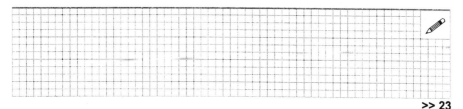

Serienprodukte. Das Modell des Entwicklungsprozesses im Sondermaschinen- und Anlagenbau unterscheidet sich davon an einigen Stellen deutlich. Da der Sondermaschinen- und Anlagenbau im Maschinenbau eine bedeutende Rolle spielt, soll dieses Modell nachfolgend beschrieben werden.

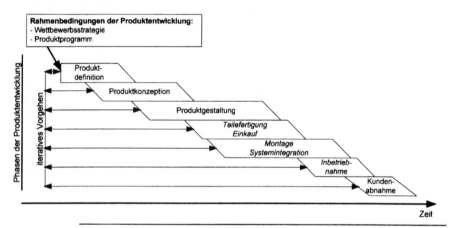

Bild 3.2-7: *Entwicklungsphasen bei Produkten des Sondermaschinen- und Anlagenbaus*

Im Sondermaschinen- und Anlagenbaus besteht eine große Nähe zwischen der Entwicklung des Produktes und seiner Realisierung. Schon während der Entwicklungsphase wird, mit meist nur geringem Zeitversatz, das Produkt parallel realisiert. So kann es sein, dass aufgrund langer Herstell- oder Lieferzeiten Teile gefertigt oder beschafft werden müssen, ohne dass die Konzeptphase abgeschlossen ist.

Eine Absicherung der Ergebnisse der Entwicklungs- und Konstruktionsarbeit mittels Prototypen ist nicht oder nur sehr selten möglich. So ist es sicherlich leicht vorstellbar, dass Fehler in der Entwicklung zu schwerwiegenden Problemen bei der Realisierung der Maschinen und Anlagen führen können, die Zeitverzögerungen, Kostenüberschreitungen und Qualitätsprobleme zur Folge haben. Deshalb bedarf es für solche Produkte einer besonderen Sorgfalt im Rahmen der Entwicklung, die eine besonders enge Abstimmung zwischen den Unternehmensbereichen Entwicklung, Konstruktion und Produktion erfordern.

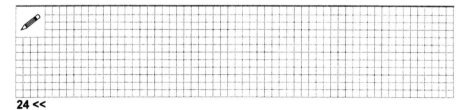

3.3 Arbeitsschritte und Methoden der Definition, Konzeption und Gestaltung von Produkten

Die bisher betrachteten Modelle des Entwicklungsprozesses zeigen nur die wichtigsten Phasen der Produktentwicklung und deren Abfolge. Jede dieser Phasen besteht aber aus einer Vielzahl von Arbeitsschritten. Diese sollen nachfolgend erläutert sowie zugehörige Methoden genannt werden.

In Rahmen der **Produktdefinition**, *Bild 3.3-1* werden die notwendigen Merkmale des zu entwickelnden Produktes festgelegt. Entsprechend gilt es, hier mit besonderer Sorgfalt zu arbeiten. Zu den notwendigen Arbeitsschritten in dieser Phase zählen: Analyse der Kundenanforderungen, Wettbewerbsanalyse sowie die Ermittlung des Zielpreises, den die Kunden bereit sind, für die geplante Merkmalskombination zu zahlen. Diese Phase schließt ab mit einer ersten Wirtschaftlichkeitsberechnung. Damit wird auf der Basis der bis dahin vorliegenden Daten abgeschätzt, ob die Entwicklung des Produktes für das Unternehmen aus wirtschaftlicher Sicht sinnvoll ist und was die Entwicklung als solche kosten darf.

In der nächsten Phase werden **Produktkonzepte**, *Bild 3.3-2*, erstellt, Hier werden für das Produkt prinzipielle Lösungen erarbeitet. Mehrere Lösungen werden deshalb entwickelt, weil Vor- und Nachteile einzelner Lösungen zu diesem frühen Zeitpunkt der Entwicklung kaum genau abgeschätzt werden können. So eröffnet sich zudem die Möglichkeit, später die jeweils besten Elemente der unterschiedlichen Lösungen zu einer neuen, optimalen Lösung zu kombinieren. Häufig wird in der Praxis die erstbeste Lösung genommen, die einem Mitarbeiter oder einer Gruppe einfällt. Erfahrungen zeigen aber, dass dieses nur selten die beste Lösung für die Aufgabenstellung ist.

Die Produktkonzeption wird wesentlich geprägt von der Suche nach Lösungen für die erforderlichen Produktfunktionen. Entsprechend spielen die Methoden der Ideenfindung eine herausragende Rolle. Sie sollen den Weg zu neuen Lösungen öffnen. Aus unterschiedlichen Kombinationen der Wirkprinzipien für die einzelnen Funktionen werden Prinziplösungen für die Gesamtfunktion zusammengestellt. Die Auswahl geeigneter Lösungen, die in die nächste Entwicklungsphase übergehen, erfolgt systematisch, anhand von vorher festgelegten Bewertungskriterien. Eingeschlossen ist dabei wiederum eine Wirtschaftlichkeitsberechnung.

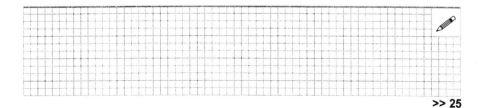

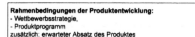

Rahmenbedingungen der Produktentwicklung:
- Wettbewerbsstrategie,
- Produktprogramm
zusätzlich: erwarteter Absatz des Produktes

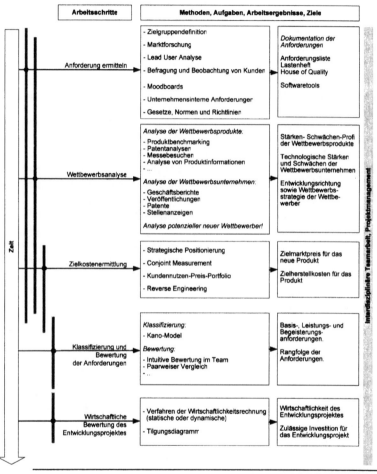

Arbeitsschritte	Methoden, Aufgaben, Arbeitsergebnisse, Ziele	
Anforderung ermitteln	- Zielgruppendefinition - Marktforschung - Lead User Analyse - Befragung und Beobachtung von Kunden - Moodboards - Unternehmensinterne Anforderunger - Gesetze, Normen und Richtlinien	Dokumentation der Anforderungen Anforderungsliste Lastenheft House of Quality Softwaretools
Wettbewerbsanalyse	*Analyse der Wettbewerbsprodukte:* - Produktbenchmarking - Patentanalysen - Messebesuchen - Analyse von Produktinformationen - ... *Analyse der Wettbewerbsunternehmen:* - Geschäftsberichte - Veröffentlichungen - Patente - Stellenanzeigen *Analyse potenzieller neuer Wettbewerber!*	Stärken- Schwächen-Profi der Wettbewerbsprodukte Technologische Stärken und Schwächen der Wettbewerbsunternehmen Entwicklungsrichtung sowie Wettbewerbsstrategie der Wettbewerber
Zielkostenermittlung	- Strategische Positionierung - Conjoint Measurement - Kundennutzen-Preis-Portfolio - Reverse Engineering	Zielmarktpreis für das neue Produkt Zielherstellkosten für das Produkt
Klassifizierung und Bewertung der Anforderungen	*Klassifizierung:* - Kano-Model *Bewertung:* - Intuitive Bewertung im Team - Paarweiser Vergleich - ...	Basis-, Leistungs- und Begeisterungsanforderungen. Rangfolge der Anforderungen.
Wirtschaftliche Bewertung des Entwicklungsprojektes	- Verfahren der Wirtschaftlichkeitsrechnung (statische oder dynamische) - Tilgungsdiagramm	Wirtschaftlichkeit des Entwicklungsprojektes Zulässige Investition für das Entwicklungsprojekt

Zeit

Interdisziplinäre Teamarbeit, Projektmanagement

Bild 3.3-1: *Arbeitsschritte und Methoden der* **Produktdefinition**

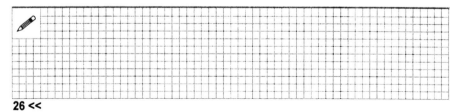

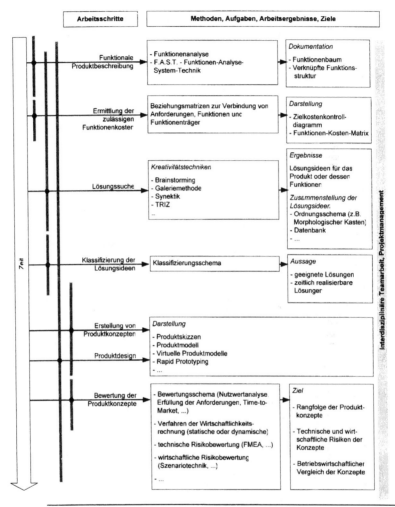

Arbeitsschritte	Methoden, Aufgaben, Arbeitsergebnisse, Ziele	
Funktionale Produktbeschreibung	- Funktionenanalyse - F.A.S.T. - Funktionen-Analyse-System-Technik	**Dokumentation** - Funktionenbaum - Verknüpfte Funktionsstruktur
Ermittlung der zulässigen Funktionenkoster	Beziehungsmatrizen zur Verbindung von Anforderungen, Funktionen und Funktionenträger	**Darstellung** - Zielkostenkontrolldiagramm - Funktionen-Kosten-Matrix
Lösungssuche	**Kreativitätstechniken** - Brainstorming - Galeriemethode - Synektik - TRIZ ..	**Ergebnisse** Lösungsideen für das Produkt oder dessen Funktionen **Zusammenstellung der Lösungsideen** - Ordnungsschema (z.B. Morphologischer Kasten) - Datenbank - ...
Klassifizierung der Lösungsideen	Klassifizierungsschema	**Aussage** - geeignete Lösungen - zeitlich realisierbare Lösunger
Erstellung von Produktkonzepten Produktdesign	**Darstellung** - Produktskizzen - Produktmodell - Virtuelle Produktmodelle - Rapid Prototyping - ...	
Bewertung der Produktkonzepte	- Bewertungsschema (Nutzwertanalyse. Erfüllung der Anforderungen, Time-to-Market, ...) - Verfahren der Wirtschaftlichkeitsrechnung (statische oder dynamische) - technische Risikobewertung (FMEA, ...) - wirtschaftliche Risikobewertung (Szenariotechnik, ...) - ...	**Ziel** - Rangfolge der Produktkonzepte - Technische und wirtschaftliche Risiken der Konzepte - Betriebswirtschaftlicher Vergleich der Konzepte

Zeit (vertical, left axis)

interdisziplinäre Teamarbeit, Projektmanagement (vertical, right)

Bild 3.3-2:   Arbeitsschritte und Methoden der **Produktkonzeption**

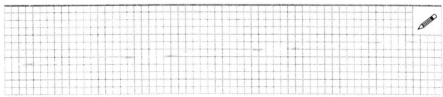

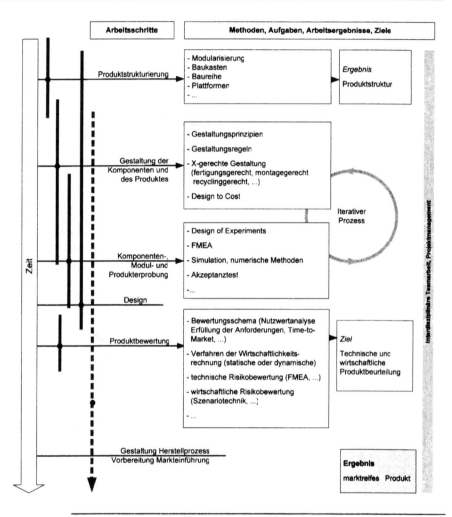

Bild 3.3-3: Arbeitsschritte und Methoden der **Produktgestaltung**

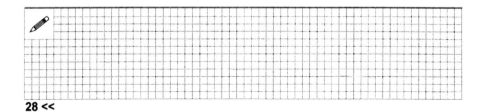

„Als **Gestalten** oder Entwerfen soll das Überführen einer Prinziplösung in ein dreidimensionales (körperliches) technisch herstellbares Gebilde bzw. Bauteile und Baugruppen verstanden werden." [3/5].

Die Produktgestaltung umfasst nach *Bild 3.3-3* folgende Arbeitsschritte:

♦ Festlegung einer geeigneten Produktstruktur, insbesondere auch im Hinblick auf die geforderten Merkmale des Produktes.

♦ Gestalten der maßgebenden Strukturelemente, Baugruppen bis hin zu den Einzelteilen. Dabei geht es um die Festlegung von Form, Abmessungen, Werkstoffen, etc. und der Schnittstellen zwischen den Komponenten.

♦ Erprobung von Einzelteilen, Baugruppen und dem Gesamtprodukt. Durch die Erprobung wird verifiziert, ob die jeweiligen Anforderungen erfüllt werden. Insbesondere bei neuen Komponenten sind Gestaltung und Erprobung eng miteinander verknüpft.

Die Planung und Realisierung der Produktion und des Vertriebs für das neue Produkt erfolgen meist parallel zur Produktgestaltung und erfordert eine enge Abstimmung zwischen den Unternehmensbereichen Entwicklung, Produktion, Marketing und Vertrieb.

Die Herstellprozesse beeinflussen dabei sowohl die Struktur des neuen Produktes wie auch die Gestaltung einzelner Bauteile und deren Werkstoffe. Hinzu kommt die Suche nach geeigneten Komponenten, die vom Unternehmen zugekauft werden. Sollen Einzelteile, Baugruppen oder gar das ganze Produkt extern gefertigt werden, so ist eine wichtige Aufgabe der Entwickler, geeignete Lieferanten zu suchen und mit diesen die Gestaltung der Einzelteile, Baugruppen oder des Produktes abzustimmen. Die Suche nach Zulieferern erfolgt jeweils in Abstimmung mit dem Einkauf.

Mit Zeitversatz zur Planung und Realisierung des Produktionsprozesses beginnt auch die Vorbereitung zur Vermarktung des neuen Produktes. Hierzu liefert die Produktentwicklung Informationen über die Eigenschaften des neuen Produktes und dessen Differenzierung gegenüber den Wettbewerbsprodukten.

Parallel dazu, teilweise auch schon vor der Konzepterstellung, wird das Produktdesign festgelegt. Produktdesign spielt heute mit Blick auf den Erfolg eines Produktes am Markt eine sehr wichtige Rolle. Der Einfluss des Designs ist abhängig von der Güterart, aber selbst bei den meisten Investitionsgütern ist Design heute ein unverzichtbares Element für den Produkterfolg.

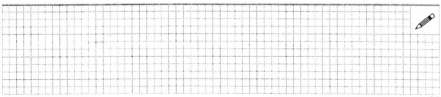

3.4 Erfolgsfaktoren der Produktentwicklung

Die Produktentwicklung ist immer geprägt durch die vorgegebenen Sachziele, in Form der Anforderungen an das Produkt sowie den Kosten- und Zeitvorgaben, *Bild 3.4-1*.

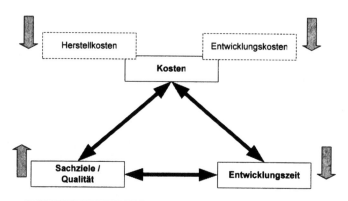

Bild 3.4-1: „Magisches" Dreieck der Produktentwicklung - Pfeile zeigen die tendenzielle Entwicklungsrichtung der Einflussfaktoren.

Durch dien Trend hin zu integrierten Produkten mit mechanischen und elektronischen Komponenten einschließlich Software werden die Sachziele in vielen Entwicklungsprojekt immer komplexer. Gleichzeitig steigen die Qualitätsanforderungen der Kunden. Die Dynamik des Wettbewerbs fordert zudem immer kürzere Entwicklungszeiten. Höhere Renditeziele der Unternehmen, aber auch der verschärfte Wettbewerb, zwingen zu niedrigeren Entwicklungs- und Herstellkosten des Produktes.

Wie kann die Produktentwicklung unter diesen Randbedingungen noch ein erfolgreiches Produkt hoher Qualität entwickeln? Dieses kann nur gelingen durch:

♦ Methodisches Vorgehen

♦ Interdisziplinäre Zusammenarbeit und

♦ straffes Projektmanagement.

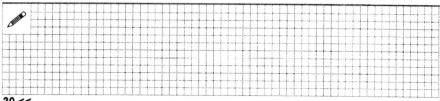

3.4.1   Methodisches Vorgehen bei der Entwicklung von Produkten

Warum ist bei der Produktentwicklung ein methodisches Vorgehen erforderlich? In [3/6] werden besondere Merkmale des Vorgehens von leistungsstarken Konstrukteuren im Verhältnis zu Leistungsschwächeren dargestellt. Danach unterscheiden diese sich bezüglich:

♦   Art des Erfassens und Analysierens des Auftrags
    Die Leistungsstarken analysieren den Auftrag eingehender, insbesondere bezüglich zu realisierender Funktionen. Sie bestimmen vollständig die zu realisierenden Hauptfunktionen, gewichten beim Zusammenfassen ihrer Analyseergebnisse und fixieren häufiger die Anforderungen.

♦   Art der Suche nach prinzipiellen Lösungsalternativen
    Leistungsstarke erzeugen häufiger mehrere Lösungsalternativen, darunter auch neuartige. Danach wählen sie systematisch das zu realisierende Prinzip und befassen sich intensiv mit einer Zerlegung in Teilziele.

♦   Art des rückkoppelnden Beurteilens der Lösungsschritte
    Bei den Leistungsstarken erfolgt das Prozess begleitende Bewerten von Lösungsteilen systematischer und auf verschiedenen Ebenen der Konkretisierung.

Treffen diese Untersuchungsergebnisse zu, so sprechen sie klar für ein methodisches Vorgehen.

Hinzu kommt als wichtiger Aspekt, dass Fehler bei der Produktentwicklung nur mit hohen Kosten durch Maßnahmen bei den nachfolgenden Prozessschritten wieder aufgefangen werden können, *Bild 3.4-2*. Befindet sich das Produkt bereits im Markt, so sind teure Rückrufaktionen notwendig, die gleichzeitig auch noch dem Image des Unternehmens schaden können. Beispiele dafür sind Rückrufaktion der Automobilhersteller, die meist ein großes Medienecho finden. Allerdings sind andere Branchen davon genau so betroffen, erregen aber nicht so viel öffentliches Interesse.

Änderungen am Produkt zu einem späten Zeitpunkt verursachen wesentlich höhere Kosten als Änderungen zu einem frühen Zeitpunkt. Es ist also notwendig, bereits von Beginn des Entwicklungsprojektes an mit großer Sorgfalt und systematisch zu arbeiten, um Fehler zu vermeiden.

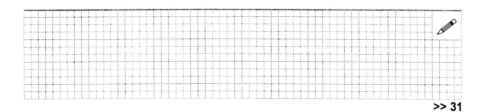

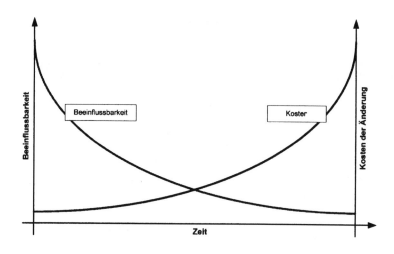

Bild 3.4-2: *Beeinflussbarkeit der Produktmerkmale und Kosten*
von Änderungen im Verlauf der Produktentwicklung

Allerdings lassen sich in einem Entwicklungsprojekt Änderungen zu einem späteren
Zeitpunkt kaum vermeiden. Man denke dabei nur an die Änderung des Lastenheftes
aufgrund neuer Kundenbedürfnisse kurz vor der Markteinführung des Produktes. Auf
diesen Punkt soll im Kapitel 5 noch eingegangen werden.

3.4.2 Interdisziplinäre Teamarbeit

Die **Aufgabe der Produktentwicklung** besteht darin, wie im Kapitel 1 gezeigt, Produkte zu schaffen, die unterschiedlichste Merkmale möglichst gut in sich vereinen.
Wie sich zeigt, ist dieses aufgrund der vielfältigen Merkmale keine Aufgabe nur einer
Disziplin im Unternehmen, sondern kann nur erfolgreich in der interdisziplinären Zusammenarbeit realisiert werden. Nur durch die Zusammenarbeit der Bereiche Entwicklung, Design, Produktion, Marketing, Vertrieb, Einkauf und Controlling eines Unternehmens gelingt es, die geforderten Merkmale auch zu realisieren.

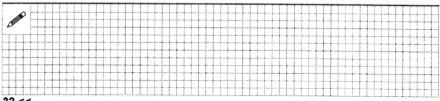

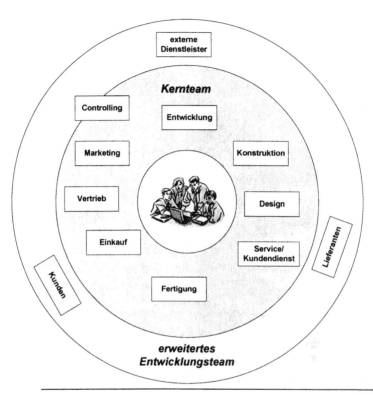

Bild 3.4-4:   Produktentwicklung als interdisziplinäre Teamarbeit

Neben den genannten Bereichen, die in einem interdisziplinären Team vertreten sein müssen, kann es durchaus sinnvoll sein, auch Kunden und Lieferanten mit in das Entwicklungsteam einzubinden. Die Kunden nehmen somit direkt an der Gestaltung des Produktes teil. Die Einbindung von Lieferanten kann zum einen dazu dienen, direkt entsprechende Zulieferkomponenten zu definieren. Die Zusammenarbeit konzentriert sich dabei im Wesentlichen auf die Auswahl der geeigneten Komponenten. Die Einbindung kann aber auch soweit gehen, dass der Lieferant die Entwicklungsverantwortung für einzelne Teile oder Baugruppen erhält und diese eigenständig

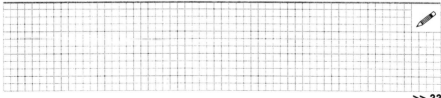

entwickelt. Dabei ergibt sich zwangsläufig eine enge Einbindung in den Entwicklungsprozess des Unternehmens, da hier die Schnittstellen zu anderen Baugruppen oder Teilen definiert und realisiert werden müssen.

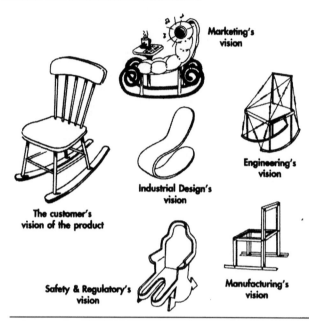

Bild 3.4-5:   *Unterschiedliche Vorstellungen über die Gestaltung eines Stuhls [3/7]*

Wie weiter oben bereits erwähnt, ist es bei größeren Projekten heute in vielen Betrieben üblich, externe Dienstleister einzubinden, die dann Einzelteile oder Module entwickeln. Für das eigene Unternehmen ergibt sich dadurch eine größere Flexibilität bei der Entwicklungskapazität, aber auch ein Zugewinn an Know-how.

Die Einbeziehung unterschiedlicher Bereiche in den Entwicklungsprozess führt durch die unterschiedlichen Sichtweisen der Mitarbeiter auch zu unterschiedlichen Vorstellungen, wie das neue Produkt letztendlich auszusehen hat, wie *Bild 3.4-5* plastisch zeigt.

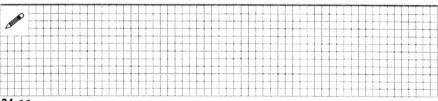

Dieses führt zwangsläufig zu Spannungen innerhalb des Entwicklungsteams. Im Team muss man sich deshalb grundsätzlich vor Augen halten, dass die Entwicklung nur in der Zusammenarbeit zum Erfolg führt und nicht ein Bereich mit seinen Vorstellungen versucht, die Entwicklung zu dominieren.

3.4.3 Projektmanagement

Wie im *Bild 3.4-1* verdeutlicht, gilt es in einem Entwicklungsprojekt Sach-, Kosten- und Zeitziele miteinander in Einklang zu bringen. In den beiden letzen Abschnitten wurde gezeigt, dass für eine erfolgreiche Produktentwicklung eine systematische, auf Methoden basierende Vorgehensweise und eine enge interdisziplinäre Zusammenarbeit notwendig sind. Dieses alles zusammen erfordert als Klammer und „Treiber" ein straffes **Projektmanagement**.

Bei der Entwicklung eines Produktes handelt es sich klassisch um ein **Projekt**, da:

♦ die Aufgabe eine gewisse Einmaligkeit besitzt,

♦ die Aufgabe zeitlich begrenzt ist und

♦ die Ressourcen begrenzt sind.

Die beiden wichtigsten Elemente des Projektmanagements sind

♦ die **Projektplanung** in der Vorphase und

♦ das **Projektcontrolling** während des laufenden Projektes.

Die Projektplanung umfasst die:

♦ klare Zieldefinition für das Entwicklungsprojekt,

♦ Strukturierung des Projektes mit der Darstellung im Projektstrukturplan,

♦ Festlegung von Meilensteinen mit klar formulierten Zielen, die an diesen Meilensteinen erreicht sein müssen,

♦ Ressourcen- und Kostenplanung,

♦ Zeitplanung für das Projekt und Darstellung in Form eines Balkendiagramms oder Netzplans, wobei die entsprechenden Meilensteine einzutragen sind.

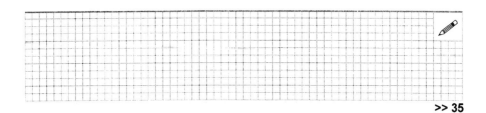

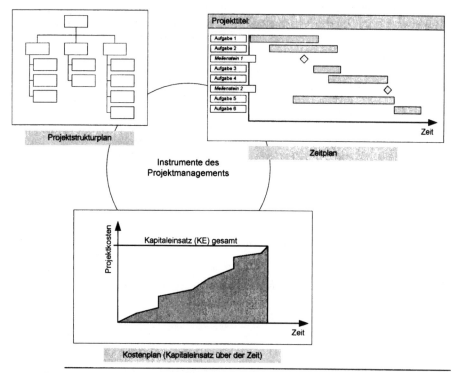

Bild 3.4-6:   *Instrumente des Projektmanagements als Basis für die Überwachung und Steuerung eines Entwicklungsprojektes*

Bereits in der Planungsphase, bevor die eigentliche Projektarbeit beginnt, werden häufig Fehler gemacht, die zum Misserfolg des Projektes führen. Dazu zählt eine nicht ausreichende Ressourcenausstattung des Projektes, eine zu optimistische Zeitplanung oder ungenügende Detailkenntnisse über die im Projekt durchzuführenden Arbeiten.

Wird die Projektplanung meist noch durchgeführt, so fehlt häufig im Projekt ein straffes **Projektcontrolling**, welches dafür sorgt, dass die Sach-, Zeit- und Kostenziele

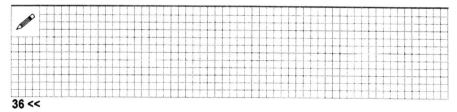

im Projekt auch erreicht werden. Dabei umfasst das Projektcontrolling, wie mit dem Begriff Controlling zum Ausdruck gebracht wird, sowohl die **Überwachung** der Projektaktivitäten als auch die aktive **Steuerung** des Projektes. Gerade die heute vielfach mit externen Dienstleistern und Zulieferern vernetzte Entwicklung von Produkten stellt eine besondere Herausforderung für das Projektcontrolling dar. Außerdem führen Veränderungen der Projektpriorität während der Entwicklung und nicht getroffene oder unklare Entscheidungen im Verlaufe des Projektes vielfach dazu, dass Ziele nicht oder nur ungenügend erreicht werden.

Ein Ansatz des unternehmensübergreifenden Projektmanagements ist das in der Automobilindustrie eingesetzte und in [3/8] beschriebene „Cross-Company-Collaboration Projektmanagement", abgekürzt als „C3PM" bezeichnet.

Für eine weiterführende und ausführliche Darstellung des Themas Projektmanagement sei hier auf entsprechende Fachliteratur hingewiesen, so beispielsweise [3/9, 3/10 oder 3/11].

Häufig wird heute jegliche Entwicklungsarbeit als Projekt definiert und bearbeitet. Das führt vielfach zu einer großen Anzahl von parallel zu bearbeitenden Projekten. Entsprechend arbeiten die Mitarbeiter/innen gleichzeitig in mehreren Projektteams. Die teamorientierte Arbeitsweise erfordert Zeit für die Teamsitzungen. Dadurch, dass die Mitarbeiter/innen gleichzeitig in mehreren Projektteams mit vielleicht wöchentlicher Projektsitzung arbeiten, fehlt ihnen häufig die Zeit, für die eigentliche Entwicklungsarbeit. Darunter leidet die Qualität des zu entwickelnden Produktes. Jedes Unternehmen ist bei der Produktentwicklung deshalb gut beraten:

◆ Sich auf die wirklich wichtigen Entwicklungsprojekte zu konzentrieren. Dazu bedarf es einer systematischen Bewertung und Auswahl der Entwicklungsprojekte.

◆ Eine klare Priorität der Projekte festzulegen.

◆ Entwicklungsprojekte, die keine hohe Priorität besitzen, zu streichen oder an externe Dienstleister zu vergeben.

Nur so ist ein Unternehmen in der Lage, Projektmanagement sinnvoll und erfolgreich zu nutzen und Produkte mit hoher Qualität und klar erkennbarem Kundennutzen zu realisieren!

4 Einfluss der Wettbewerbsstrategie auf die Produktentwicklung

4.1 Ziele eines Unternehmens

Die Umsetzung der Wettbewerbsstrategie erfolgt im Wesentlichen durch das Produkt. Aus diesem Grund muss die Wettbewerbsstrategie bei der Entwicklung eines Produktes berücksichtigt werden, denn sie legt wesentliche Randbedingungen für die Produktentwicklung fest. Sie hat sowohl Einfluss auf die Gestaltung des Entwicklungsprozesses wie auch auf die Entwicklung eines spezifischen Produktes.

Was versteht man nun unter der Wettbewerbsstrategie? Die Wettbewerbsstrategie ist ein wesentliches Element der Unternehmensstrategie. In dieser legt das Unternehmen fest, wie es seine Ziele erreichen will. Die Ziele werden durch die mit dem Unternehmen in Zusammenhang stehenden Interessengruppen festgelegt. Betrachtet man ein Unternehmen, so zeigt sich, dass es eine Vielzahl von Interessengruppen gibt, auch als **Anspruchsgruppen** bezeichnet, die Ansprüche an ein Unternehmen stellen. Zu diesen Anspruchsgruppen zählen:

♦ Eigentümer (Einzelunternehmer, Gesellschafter, Aktionäre),

♦ Fremdkapitalgeber (Banken, Beteiligungsgesellschaften, Risikokapitalgeber),

♦ Mitarbeiter,

♦ Kunden und Lieferanten,

♦ Unternehmensumwelt (allgemeine Öffentlichkeit).

Die von diesen Gruppen formulierten Ansprüche führen zu den Unternehmenszielen, wobei die Ansprüche der einzelnen Gruppen unterschiedlich sein können. Sie lassen sich aber nur dann erfüllen, wenn das Unternehmen Gewinn erwirtschaftet.

Das grundlegende Ziel eines Unternehmens ist es, Gewinn zu erwirtschaften. Dazu produziert das Unternehmen Produkte, welche am Markt Nachfrager finden, die bereit sind, einen Preis für das Produkt zu zahlen der über den Selbstkosten des Unternehmens liegt.

Jede Tätigkeit in einem Unternehmen ist auf dieses Ziel ausgerichtet.

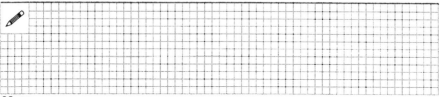

4.2 Optionen der Wettbewerbsstrategie und ihr Einfluss auf die Produktentwicklung

Die Wettbewerbsstrategie beschreibt das Verhalten des Unternehmens am Markt, um sich Vorteile gegenüber den Wettbewerbern zu verschaffen. Sie beschreibt, wie sich das Unternehmen diese Wettbewerbsvorteile verschaffen will.

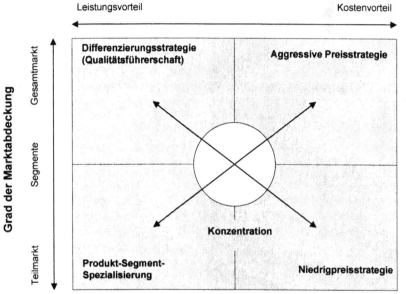

Bild 4.2-1: *Optionen der Wettbewerbsstrategie [4/1]*

Die prinzipiellen Optionen zur Schaffung von Wettbewerbsvorteilen sind:

♦ Schaffung von **Kostenvorteilen**,
♦ Schaffung von **Leistungsvorteilen**,

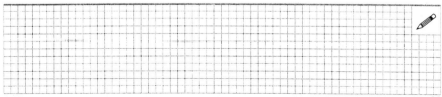

Für den Grad der Marktabdeckung bieten sich folgende Optionen:

♦   Abdeckung des **Gesamtmarktes,**

♦   Abdeckung eines Erfolg versprechenden **Teilmarktes** (Marktsegment).

Daneben muss sich ein Unternehmen mit Blick auf die Produktentwicklung auch darüber klar werden, welche Rolle es im Markt spielen möchte. Möchte das Unternehmen eher den Markt bestimmen und als Motor von Veränderungen auftreten (**Pionier**) oder sieht es eher seine Rolle darin, auf Veränderungen im Markt zu reagieren (**Konformist**), wie im *Bild 4.2-2* dargestellt? Die Entscheidung für eine der Positionen spielt sehr stark in die Gestaltung der Entwicklungsprozesse in einem Unternehmen hinein und beeinflusst die Entwicklung eines Produktes als solches.

4.2.1   Kosten- oder Leistungsvorteile

Bei den Wettbewerbsvorteilen durch Kostenvorteile versucht das Unternehmen der kostengünstigste Anbieter zu sein. Dazu müssen die Herstellkosten des Produktes entsprechend niedrig sein, was nur durch ein entsprechendes Produktkonzept und eine entsprechende Produktgestaltung gelingt. Die Produktentwicklung muss sich im Wesentlichen auf möglichst kostengünstige Lösungen konzentrieren.

Leistungsvorteile werden durch eine klare **Differenzierung** des eigenen Produktes gegenüber denen der Wettbewerber erreicht. Dabei gilt es, das eigene Produkt so von denen der Wettbewerber zu unterscheiden, dass sie für den Kunden einen höheren Wert darstellen. Die gewünschte Differenzierung umzusetzen, ist Aufgabe der Produktentwicklung. Zur Differenzierung eines Produktes hin zum Kunden eignen sich prinzipiell alle im *Bild 1.3-2* genannten **kundenrelevanten Merkmale**, wobei die Differenzierung über ein einzelnes Merkmal oder eine Kombination von Merkmalen erfolgen kann. Dabei ist unbedingt zu beachten, dass die Differenzierung für den Kunden erkennbar sein muss, denn nur so kann ein Wettbewerbsvorteil entstehen. Die Produktentwicklung muss sich hierbei darauf konzentrieren, Lösungen zu schaffen, die sich von denen der Wettbewerber unterscheiden und für den Kunden einen höheren Nutzen bringen.

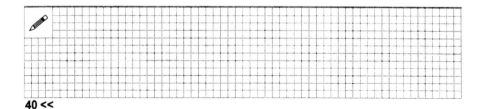

- Das Wettbewerbsverhalten der Unternehmung ist aktiv, da Wettbewerbsstrukturen und Marktdefinitionen laufend in Frage gestellt werden

- Das Wettbewerbsverhalten ist prospektiv da auch bisher erfolgreiche Wettbewerbsvorteile aufgegeben werden, wenn es darum geht, neue Möglichkeiten zu finden, sich von der Konkurrenz zu differenzieren

- Das Verhalten der Unternehmung im Wettbewerb ist reaktiv, da man sich an der Wettbewerbsvorteilen der Konkurrenz orientiert und diese zu kopieren versucht

- Das Wettbewerbsverhalten ist in dem Sinne retrospektiv, dass es sich stark nach bisher erfolgreichen Verhaltensweisen oder Wettbewerbsvorteilen richtet und auch unter zunehmendem Wettbewerbsdruck an diesen festhält.

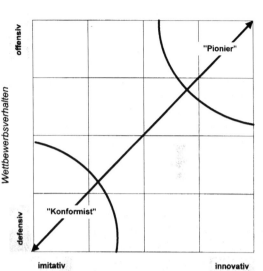

- Man glaubt sich in einer Wettbewerbssituation des Markt-"followers" besser aufgehoben. Dies verlangt weniger Intensität in der Inanspruchnahme knapper Ressourcen, erscheint weniger riskant, weil man alle Fehler des Marktführers vermeiden und alle positiven Strategien nachahmen kann.

- Durch Innovationen strebt man die Marktführerschaft an um auf diesem Wege Autonomie für das eigene Wettbewerbsverhalten zu gewinnen.

- Die Pionierkosten der Leistungsentwicklung und Markteinführung können durch Nachahmung des Marktführers gesenkt werden was allerdings durch deutlich höhere Kosten der Leistungserstellung bei geringerem Leistungsumfang gegenüber dem Marktführer teilweise kompensiert wird.

- Die Innovationsstrategie wird als eine Strategie gesehen. um über niedrige Kosten (Erfahrungskurve) einen preisstrukturellen Abstand gegenüber den Wettbewerbern sicherzustellen

Bild 4.2-2: Mögliche Formen des Marktverhaltens eines Unternehmens [4/2]

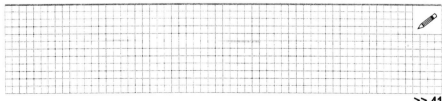

4.2.2   Bearbeitung des Gesamtmarktes oder spezifischer Marktsegmente

Das Verhalten der Kunden hat sich in der Vergangenheit stark verändert und unterliegt auch weiterhin Veränderungen. Dabei ist der Trend zu individuelleren Bedürfnissen, ob im Business to Consumer oder Business to Business Geschäft, klar erkennbar. Das liegt wesentlich daran, dass aufgrund des Wettbewerbs die meisten Märkte durch den Kunden bestimmt werden. Ausnahmen sind Unternehmen, die einmalige Produkte anbietet.

Dieser Trend zu individuelleren Bedürfnissen schlägt sich im Kaufverhalten der Kunden nieder. Jeder möchte gerne Produkte, die genau seinen Vorstellungen entsprechen. Der Gesamtmarkt teilt sich immer stärker auf in eine Vielzahl kleinerer Teilmärkte.

Das Marketing befasst sich mit dieser Aufteilung des Gesamtmarktes in kleinere Teilmärkte unter dem Stichwort der **Marktsegmentierung**. Nach [4/1] wird Marktsegmentierung wie folgt definiert:

> **Unter Marktsegmentierung wird die Aufteilung eines Gesamtmarktes in bezüglich ihrer Marktreaktion intern homogene und untereinander heterogene Untergruppen (Marktsegmente) sowie die Bearbeitung eines oder mehrerer dieser Marktsegmente verstanden.**

Für die Produktentwicklung ist es also wichtig, mit Hilfe der Marktsegmentierung Kundengruppen zusammenzufassen, welche die gleichen Anforderungen an ein Produkt stellen. Jedes Marktsegment beschreibt also eine spezifische **Zielgruppe**, auf deren Bedürfnisse das Produkt genau zuzuschneiden ist.

Welche Merkmalen eignen sich nun zur Segmentierung des Marktes? In [4/1] werden folgende Segmentierungsmöglichkeiten beschrieben:

♦   **Geographische Segmentierung** - geordnet nach Zielländern, Regionen innerhalb eines Landes, etc. Diese Art der Segmentierung greift vielfach im Maschinenbau; einerseits durch unterschiedliche Kundenanforderungen, andererseits durch unterschiedliche Gesetze in der Zielmärkten.

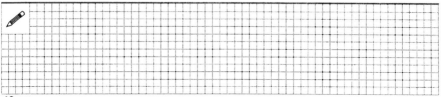

♦ **Branchenorientierte Segmentierung** - geordnet nach unterschiedlichen Branchen, in denen die Produkte eines Unternehmens eingesetzt werden.

♦ **Demographische Segmentierung** – geordnet nach Geschlecht, Alter, Familienstand, Haushaltsgröße, Zahl der Kinder.

♦ **Sozioökonomische Segmentierung** – geordnet nach Ausbildung, Beruf, Einkommen.

homogener Markt   **segmentierter Markt**

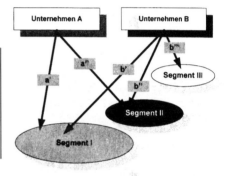

♦ homogene Kundenbedürfnisse
♦ Produkte für einen Massenmarkt
♦ Vorteile gegenüber der Konkurrenz durch ein Produkt mit klaren Preisvorteilen, besseren Eigenschaften (Produktdifferenzierung) oder starker Werbung

♦ heterogene Bedürfnisse
♦ spezifische Produkte für definierte Segmente
♦ Vorteile gegenüber der Konkurrenz durch einzigartige Produkte, die den Bedürfnissen der Segmente entsprechen
♦ bessere Gewinnmöglichkeiten durch höhere Spannen bei spezifischen Produkten

Bild 4.2-3: *Wichtige Merkmale eines homogenen und eines segmentierten Marktes*

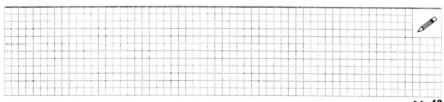

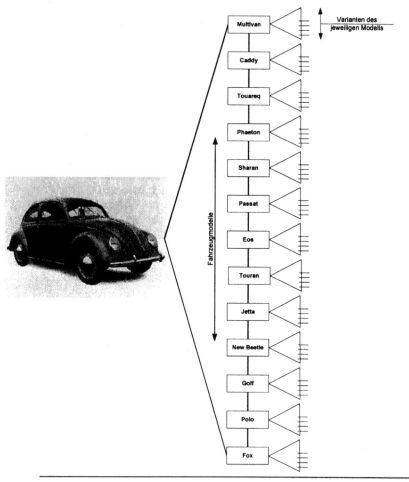

Bild 4.2-4:   Erweiterung des Produktprogramms als Reaktion auf die Marktsegmentierung am Beispiel der Marke Volkswagen

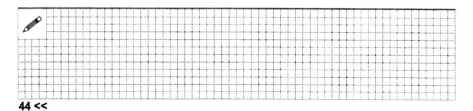

◆ **Verhaltensorientierte Segmentierung** – geordnet nach dem beobachteten Verhalten bei Kaufentscheidungsprozessen, z.B. Nutzungsverhalten von Medien.

◆ **Lifestyle Segmentierung** – *geordnet nach dem* beobachteten Verhalten – Freizeitverhalten, Gewohnheit, psychische Variablen – Werten, allgemeinen Einstellungen, Meinungen.

◆ **Segmentierung auf der Basis von Nutzenvorstellungen** - Aufteilung einer Konsumentengesamtheit in bezüglich ihrer Nutzenvorstellung hinsichtlich bestimmter Leistungen intern homogene und untereinander heterogene Marktsegmente, z. B. Nutzen einer Fernreise mit Bahn – minimale Reisezeit, möglichst preisgünstige Reise, möglichst komfortable Reise.

Unternehmen sind gezwungen, mit unterschiedlichen Produkten auf die Marktsegmentierung zu reagieren, anschaulich dargestellt im *Bild 4.2-4* am Beispiel der Marke Volkswagen. Beispiele dafür finden sich auch in fast allen anderen Branchen .Dieses hat deutliche Auswirkungen auf die Produktentwicklung. Sie muss eine Vielzahl von Produkten entwickelt und pflegen. Die Stückzahlen, die in den einzelnen Marktsegmenten abgesetzt werden können, sind kleiner. Damit muss die Investition in ein neues Produkt reduziert werden, um überhaupt noch eine Amortisation zu erreichen.

Um die entstehenden Kosten und die steigende Komplexität aus der zunehmenden Variantenvielfalt noch beherrschen zu können, sind spezielle Ansätze bei der Produktgestaltung erforderlich, so beispielsweise die Modularisierung der Produkte, Baukastensysteme und Plattformen, die weiter unten behandelt werden. Die zu erwartende weitere Individualisierung der Kundenwünsche wird auch wesentlich die Herausforderungen an die Produktentwicklung in der Zukunft bestimmen.

4.2.3   Pionier oder Konformist

Als **Pionier** agiert das Unternehmen am Markt und ist Motor der Veränderungen, das Marktverhalten ist eher offensiv: Es werden vom Unternehmen **neue, innovative Produkte** entwickelt und in den Markt gebracht. Damit versucht das Unternehmen beim Kunden **neue Bedürfnisse** zu **wecken**. Über die geweckten Bedürfnisse schafft sich das Unternehmen seinen Markt.

Dazu zählen auch so genannte **technologieorientierte Entwicklungen**, bei denen

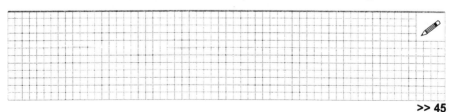

das Unternehmen auf der Basis neuer Technologien neue Produkte entwickelt, mit denen die Möglichkeiten der Technologien demonstriert werden sollen. Aktuelle Anforderungen des Marktes spielen dabei eine untergeordnete Rolle. Das Risiko einer solchen Entwicklung ist höher als bei der Reaktion auf Veränderungen. Dem höheren Risiko bei dieser Art der Entwicklung steht auch eine höhere Gewinnchance gegenüber. Es gibt eine Vielzahl von Produktbeispielen für diese Vorgehensweise, die für die Unternehmen sehr erfolgreich waren. Beispiele sind der PC, Gameboy, 3M Post-It.

Im Gegensatz zum Pionier **reagiert** der Konformist, auch als Follower bezeichnet, auf Veränderungen, sein Marktverhalten ist eher defensiv: In diesem Falle reagiert das Unternehmen auf Veränderungen der Anforderungen. Mögliche Auslöser für die Veränderungen wurden bereits weiter oben beschrieben. Um auf diesem Weg erfolgreich zu sein, muss ein Unternehmen möglichst frühzeitig die Veränderungen der Anforderungen erkennen, damit Produkte entwickelt werden können, die den neuen Anforderungen gerecht werden. Dazu ist eine intensive Beobachtung der Veränderungskräfte notwendig.

Sind diese Voraussetzungen erfüllt und schafft das Unternehmen die Umsetzung der veränderten Anforderungen in neue Produkte, so ist das Risiko eines Misserfolges am Markt geringer. Allerdings können alle Wettbewerber ebenso die Veränderung der Anforderungen erfassen und in Produkte umsetzen, so dass der Wettbewerbsvorteil eher klein ist. Dieser ist abhängig von der Geschwindigkeit, mit der die neuen Produkte in den Markt gebracht werden.

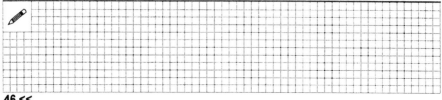

5   Produktdefinition

5.1   Anforderungen ermitteln und dokumentieren

Anforderungen beschreiben die geforderten Merkmale des Produktes, um vorhandene Kundenbedürfnisse zu befriedigen oder neue zu wecken. Sie bilden das Fundament der Produktentwicklung. Das Entwicklungsteam hat die Aufgabe, diese Anforderungen in ein Produkt umzusetzen. Fehlerhafte oder fehlende Anforderungen führen zwangsläufig zu einem Produkt, welches die geforderten Merkmale nicht besitzt. Die geplanten Absatz- und Umsatzziele können dann nicht erreicht werden und/oder die Kostenziele bei der Herstellung des Produktes werden verfehlt. Die Folge davon ist, dass die Investition in die Produktentwicklung nicht die erwartete Rendite erwirtschaftet. Die genaue Klärung der Anforderungen an ein Produkt ist **ausschlaggebend** für seinen **späteren Erfolg** im Markt. Deshalb ist es sehr wichtig, die Anforderungsanalyse systematisch und vollständig durchzuführen.

Bei der Softwareentwicklung ist die Anforderungsanalyse, bekannt unter dem Begriff *Requirements Engineering*, ein eigenständiges Thema in Forschung und Lehre. Dazu wurden entsprechende Methoden zur Analyse der Anforderungen erarbeitet, da Fehler in Softwareprodukten in den letzten Jahren häufig zu größeren Störungen in komplexen Systemen geführt haben. Entsprechend gibt es zu diesem Thema auch eine Fülle an Literatur, beispielsweise [5/1].

Die notwendigen Merkmale eines Produktes resultieren nicht nur aus den Anforderungen der Kunden, wobei mit Kunden häufig die Nutzer des Produktes gemeint sind.

Neben dem Nutzer eines Produktes gibt es meist **weitere Kunden**, deren Anforderungen berücksichtigt werden müssen. Dazu zählen:

♦   **Einkäufer** in Unternehmen,

♦   **Absatzmittler**, wie beispielsweise Zwischenhändler oder Handelsorganisationen, über die das Produkt vertrieben wird.

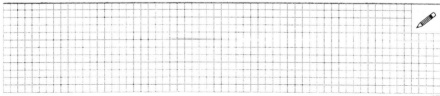

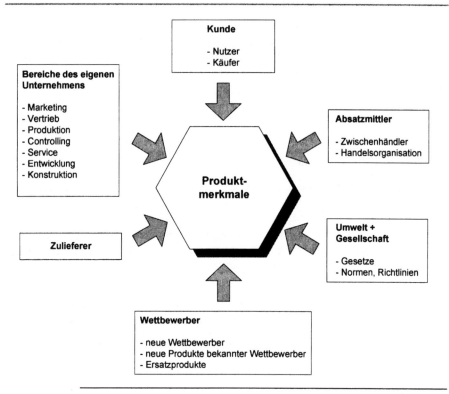

Bild 5.1-1: Beeinflussung der erforderlichen Merkmale eines Produktes

Die erforderlichen Produktmerkmale haben aber noch weitere Quellen:

♦ **Unternehmensumwelt**, welche in Form von Gesetzen und Richtlinien Anforderungen festlegt. Beispiele dafür sind: Produkthaftungsgesetz, Maschinensicherheitsrichtlinie, EMV-Vorschriften, Abgasvorschriften, Rücknahmeverpflichtung für Altfahrzeuge.

♦ **Wettbewerber**, die neue Produkte auf den Markt bringen, deren Merkmale wiederum Merkmale für das eigene Produkt definieren.

♦ **Zulieferer**, deren Komponenten Merkmale des eigenen Produktes definieren, so beispielsweise Leistungsmerkmale, Einbauraum oder Schnittstellen.

♦ **Bereiche des eigenen Unternehmens**, wie Marketing, Vertrieb, Produktion, Controlling, Service, Entwicklung und Konstruktion, die Merkmale für das neue Produkt vorgeben.

Wichtig für die Produktentwicklung ist an dieser Stelle die Frage, wie die notwendigen Produktmerkmale und die sie beschreibenden Anforderungen ermittelt werden können.

5.1.1 . Ermittlung der Kundenanforderungen

Der Kontakt zwischen dem Unternehmen und seinen Kunden ist eng mit der Produktionsmenge des Produktes verbunden. Im Sondermaschinen- und Anlagenbau wird häufig das Produkt nur einmal, für einen spezifischen Kunden hergestellt. Der Kontakt zwischen dem Hersteller und dem Kunden ist sehr eng, häufig erstellt der Kunde ein Lastenheft, auf dem dann die Produktentwicklung ihre Arbeiten aufbauen kann.

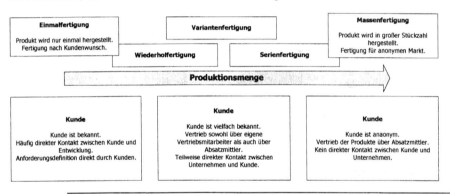

Bild 5.1-2:   *Abhängigkeit der Art des Kundenkontaktes von der Produktionsmenge eines Produktes*

Das andere Extrem ist die Massenfertigung eines Produktes, beispielsweise bei Mobiltelefonen oder Personenwagen. Hier gibt es im Normalfall keinen direkten Kontakt

zwischen dem Kunden und dem eigenen Unternehmen, der Vertrieb der Produkte erfolgt über Absatzmittler (Groß- und Einzelhandel). Um in diesem Fall die Kundenwünsche zu erfassen und in ein neues Produkt umzusetzen, werden die Methoden der **Marktforschung** benötigt.

Die Methoden der Marktforschung lassen sich in die **Primärer-** und die **Sekundärerhebung** unterteilen, *Bild 5.1-3*.

◆ **Sekundärerhebung:** Diese greift auf bereits vorhandenes Datenmaterial über den relevanten Markt in Form von Statistiken zurück, wobei amtliche Statistiken, Statistiken von Verbänden, Verlagen, Instituten und innerbetriebliche Daten verwendet werden. Anforderungen an neue Produkte werden durch die Auswertung der vorhandenen Daten definiert. Die Sekundärerhebung liefert allerdings eher globale Aussagen zu neuen Produkten.

◆ **Primärerhebung:** Bei der Primärforschung werden direkt Informationen von dem für das Produkt relevanten Personenkreis eingeholt. Dabei kommen drei Hauptmethoden bei der Primärerhebung zum Einsatz, die Beobachtung, die Befragung und das Experiment.

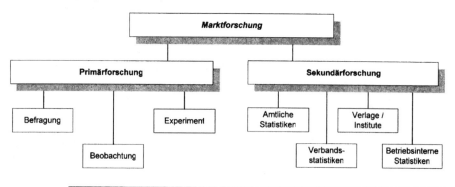

Bild 5.1-3:   Gliederung der Methoden der Marktforschung nach [5/2]

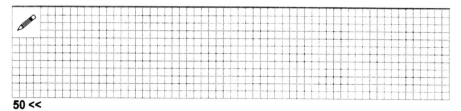

Beobachten: Beobachtung von sinnlich wahrnehmbaren Sachverhalten wie z. B. physischen Aktivitäten, Verhaltensweisen, ... Die Beobachtung des

Kunden beim alltäglichen Umgang mit Geräten, Maschinen und Anlagen liefert wertvolle Informationen über deren Nutzung und deren Mängel. Zudem können so Probleme und Schwachpunkte vorhandener Lösungen erkannt werden, die der Kunde nicht bewusst erlebt, und deshalb bei der Befragung auch nicht artikulieren würde. Beobachten von Kunden/Nutzern kann als eine der verlässlichsten Methoden angesehen werden, um Anforderungen an zukünftige Produkte zu ermitteln und bestehende Produkte weiterzuentwickeln. Deshalb sollten auch Mitarbeiter/innen in der Produktentwicklung regelmäßig die Gelegenheit nutzen, vor Ort beim Kunden sich den Umgang mit den eigenen Produkten oder denen der Wettbewerber anzusehen.

Befragen: Befragen ist die wichtigste Methode der Primärerhebung. Dabei kann die Befragung mittels persönlicher Interviews, telefonisch, schriftlich oder online übers Internet durchgeführt werden.

Experiment: Dabei handelt es sich um eine wiederholbare, unter kontrollierten, vorher festgelegten Bedingungen durchgeführte Versuchsanordnung. Zwischen Beobachtung und Experiment gibt es einen fließenden Übergang.

Eine ausführliche Darstellung des Themas Marktforschung findet sich u. a. in [5/2] und [5/3]. Andere Ansätze, die notwendigen Produktmerkmale zu ermitteln sind:

♦ Zusammenarbeit mit ausgewählten Kunden, die einen Querschnitt der Kunden im Marktsegment darstellen, in der Lage sind, Anforderungen präzise zu formulieren und in gewisser Weise als Trendsetter in ihrem Segment gelten (**Lead User**).

♦ Sammlung der Anforderungen in interdisziplinären Teams.
In einem interdisziplinär zusammengesetzten Team (Entwicklung, Konstruktion, Vertrieb, Marketing, Fertigung, Service, ..., Kunden) ist vielfach ein hinreichendes Wissen über die Anforderungen der Kunden vorhanden. Deshalb lassen sich in einem solchen Team relativ schnell und einfach die Kundenanforderungen sammeln und bewerten.

Um keine Anforderungen an das Produkt zu vergessen, helfen Checklisten, die beispielsweise auf den Erfahrungen früherer Projekte aufbauen. Anregungen können auch in der Literatur verfügbare Checklisten geben, z. B. in [5/4].

Einen etwas anderen Ansatz stellen die im Designbereich häufiger eingesetzten **Moodboards** dar. Dabei werden Bilder gesammelt, welche ein Stimmungsbild der

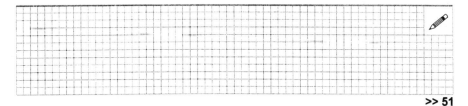

Zielgruppe widerspiegeln. Stimmungsbilder zu Zielgruppen finden sich beispielsweise in Zeitungen und Zeitschriften, die sich spezifisch an die Kundengruppe richten. Auch Bilder, die bei der Beobachtung der Zielgruppe selbst skizziert oder fotografiert wurden, können verwendet werden. Die Bilder dienen dazu, die Stimmungen der Zielgruppe zu formulieren, um daraus notwendige Merkmale des neuen Produktes abzuleiten.

Einen weiteren Ansatz, die Bedürfnisse der Kunden in der Zukunft zu definieren, bietet die **Szenariotechnik**. Sie erlaubt einen Blick in eine weitere Zukunft, der mit den Methoden der Marktforschung nur schwer möglich ist.

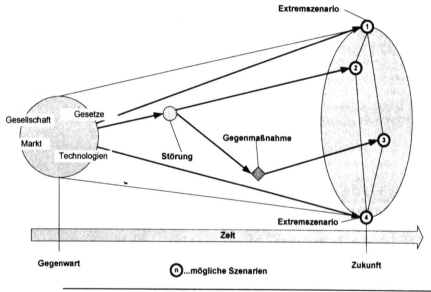

Bild 5.1-4: Szenario-Trichter

Die Szenariotechnik versucht, ein möglichst klares Bild über die zukünftige Unternehmensumwelt zu erzeugen. Hierzu werden die für das Unternehmen nicht lenkbaren Umweltparameter gemeinsam betrachtet. Aus diesem Bild der Zukunft werden

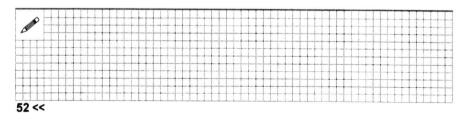

dann die Anforderungen abgeleitet, die heute in die Produktentwicklung einfließen müssen, damit das Produkt in der Zukunft die Anforderungen erfüllt. Darüber hinaus kann die Szenariotechnik auch als Hilfsmittel zur Festlegung des zukünftigen Produktprogramms verwendet werden.

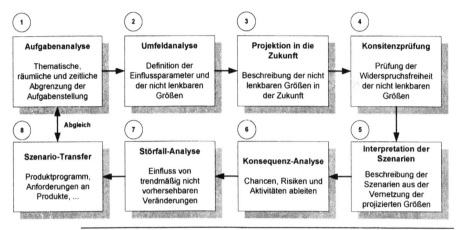

Bild 5.1-5:   Ablauf einer Szenarioanalyse

Allerdings sollte bei der Anwendung der Szenario-Technik immer bedacht werden, dass die dargestellte Zukunft und die daraus abgeleiteten Handlungsoptionen unsicher sind. Nicht vorhersehbare Ereignisse können die zukünftige Entwicklung in ganz andere Richtungen lenken, als vorhergesehen.

5.1.1.1   Klassifizierung der Anforderungen

Nach der Definition der Anforderungen ist es sinnvoll, diese entsprechend dem Kano-Modelll [5/5] in folgende drei Klassen einzuteilen: **Basisanforderungen, Leistungsanforderungen** und **Begeisterungsanforderungen**, *Bild 5.1-6*. Da über die Anforderungen die erforderlichen Produktmerkmale bestimmt werden, wird nachfolgend auch von Basis-, Leistungs- und Begeisterungsmerkmalen gesprochen. Diese Unterteilung ist für die Merkmale des Produktes sinnvoll, die unmittelbar und mittelbar durch die Produktentwicklung beeinflusst werden können.

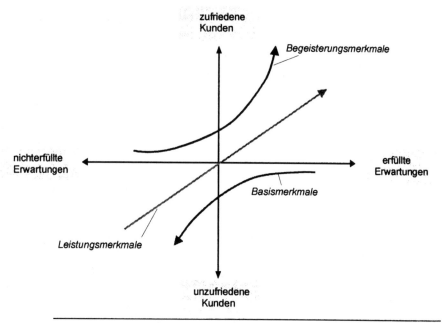

Bild 5.1-6:   *Zusammenhang zwischen Merkmalsklassen und Kunden-*
                zufriedenheit nach [5/7]

♦ **Basismerkmale:** Dieses sind Produktmerkmale, die bereits am Markt befind-
   liche Produkte besitzen und die für den Kunden einen Wert darstellen, beispielsweise Airbags im Pkw, Mobiltelefone mit Kamera. Das eigene Produkt
   muss diese Merkmale ebenfalls besitzen. Ist dieses nicht der Fall, so wird der
   Kunde unzufrieden oder das Produkt schneidet bei Vergleichstest deshalb
   schlechter ab. Zu diesen Merkmalen zählen auch die so genannten nutzer-
   selbstverständlichen Merkmale, deren Erfüllung der Kunde erwartet, ohne
   diese zu nennen.

♦ **Leistungsmerkmale:** Dabei handelt es sich um Produktmerkmale, bei denen
   sich die Zufriedenheit des Kunden proportional mit dem Erfüllungsgrad entwickelt. Einfache Beispiele dafür sind die Prozessorleistung und Speichergröße

bei einem PC oder ein niedriger Benzinverbrauch bei einem Pkw.

♦ **Begeisterungsmerkmale:** Hierbei handelt es sich um Produktmerkmale, die der Kunde nicht erwartet, die ihn positiv überraschen, beispielsweise zusätzliche Softwareausstattung eines PC's, zusätzliche Ausstattungsmerkmale eines Pkw's. Begeisterungsmerkmale bieten die Möglichkeit zur **Differenzierung** des eigenen Produktes gegenüber dem Wettbewerb.

Allerdings ist darauf zu achten, dass sich die Bedürfnisse der Kunden ändern. **Begeisterungsmerkmale werden schnell zu Basismerkmalen** und es müssen neue, begeisternde Merkmale im Produkt realisiert werden. Hierbei spielt auch der Zeitpunkt der Markteinführung eines Produktes eine wesentliche Rolle. Bringt ein Wettbewerbsunternehmen ein ähnliches Produkt, bevor das eigene neue Produkt in den Markt kommt, so können Begeisterungsmerkmale des Wettbewerbsproduktes zu Basismerkmalen werden, die das eigene Produkt dann auf jeden Fall auch besitzen muss.

Mit Hilfe dieser Klassifizierung kann also bereits in einem sehr frühen Stadium abgeschätzt werden, ob mit dem geplanten Produkt eine hohe Kundenzufriedenheit erreicht werden kann oder nicht. Wichtig ist es dazu zu wissen, welches sind die Basismerkmale und welche Leistungsmerkmale führen tatsächlich zu einer höheren Zufriedenheit beim Kunden? Dieses lässt sich nur durch eine sorgfältige Analyse beantworten.

5.1.1.2 Gewichtung der Anforderungen

Im Anschluss an die Klassifizierung sind die Anforderungen zu bewerten. Damit wird eine Rangfolge der einzelnen Anforderungen festgelegt, da nicht alle Anforderungen gleich wichtig sind.

Bei den nach dem Kano-Modell klassifizierten Kundenanforderungen ist es sinnvoll, die Anforderungen in den einzelnen Klassen eigenständig zu bewerten. Eine solche Bewertung ist im interdisziplinären Entwicklungsteam durchzuführen, damit unterschiedliche Sichtweisen berücksichtigt werden. Bei einer engen Zusammenarbeit mit den Kunden ist es durchaus sinnvoll, diese in eine solche Bewertung einzubeziehen.

Verschiedene Methoden der Bewertung sind möglich:

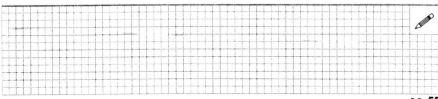

◆ **Direktbewertung durch ein Team** (Punkte 0, 3, 6, 9).
Dabei legt das Entwicklungsteam fest, welche der Anforderungen sehr wichtig
(9) bis hin zu unwichtig (0) sind. Häufig führt eine solche Bewertung aber zu
langen Diskussionen, ohne dass am Ende die Anforderungen bewertet wurden. Jeder hat eine andere Vorstellung, welche Anforderung wichtiger ist.

		Anforderungen					Summe	Rang
		Anf. 1	Anf. 2	Anf. 3	Anf.4	Anf. 5		
Anforderungen	Anf. 1	--	2	2	0	1	5	1
	Anf. 2	0	--	2	2	0	4	2
	Anf. 3	0	0	--	2	2	4	2
	Anf. 4	2	0	0	--	0	2	3
	Anf. 5	1	2	0	2	--	5	1

*Tabelle 5.1-1:   Beispiel für die Bewertung von Anforderungen mit Hilfe
des Paarweisen Vergleichs*

◆ **Paarweiser Vergleich**
Bei diesem Verfahren, *Tabelle 5.1-1*, erfolgt die Bewertung über mehrere Arbeitsschritte. Bei jedem Arbeitsschritt werden jeweils nur zwei Anforderungen
miteinander verglichen. Alle anderen Anforderungen werden in diesem Au-
genblick ausgeblendet. Der Vorteil besteht eindeutig darin, dass jeweils nur
zwei Anforderungen miteinander verglichen werden, über deren Reihenfolge
der Wichtigkeit meist schnell Einigkeit besteht.

Vorgehensweise:

◆ Es werden grundsätzlich immer nur zwei Anforderungen miteinander verglichen. Dadurch bleibt dieses Verfahren übersichtlich. Nachteil: hoher Zeitaufwand bei vielen Anforderungen.

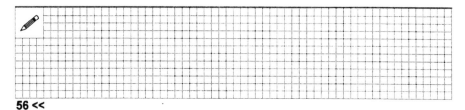

- Die eigentliche Bewertung erfolgt durch die Vergabe von Punkten (2, 1, 0). Wird beispielsweise die Anforderung 1 mit der Anforderung 2 verglichen und ist Anforderung 2 wichtiger als Anforderung 1, so wird in das Matrixfeld [Zeile 1, Spalte 2] eine 2 eingetragen, sind beide Anforderungen gleich wichtig eine 1 und ist Anforderung 1 weniger wichtig als Anforderung 2, so wird eine 0 eingetragen.

- Die Gesamtpunktzahl ergibt sich aus der Summe der Punkte einer Zeile, das Ranking Anforderungen ergibt sich aus der Anzahl der erreichten Punkte.

Die Bewertung der einzelnen Anforderungen ist eine wichtige Basis für die Zielkostenorientierte Entwicklung des Produktes.

5.1.2 Anforderungen aus Sicht des Herstellers

Wichtige herstellerrelevante Merkmale eines Produktes wurden in Kapitel 2 genannt. Wie bei den kundenrelevanten Merkmalen, so sind auch die herstellerrelevanten Merkmale unterschiedlich wichtig. Entsprechend der beschriebenen Vorgehensweise sind auch diese zu gewichten.

Die herstellerrelevanten Merkmale beeinflussen teilweise die kaufentscheidenden Kriterien. So hat die Produktstrukturbei Produkten mit vielen Optionen Einfluss auf die Verfügbarkeit eines Produktes. In einem Baukasten aufgebaute Produkte können häufig schneller geliefert werden, als solche, die nicht in einem Baukastensystem aufgebaut sind. Mit Hilfe einer Korrelationsuntersuchung kann hier der Zusammenhang zwischen den beiden Merkmalsgruppen analysiert werden.

Bei der Festlegung der wichtigsten herstellerrelevanten Merkmale ist es sinnvoll, das gesamte Produktprogramm in Form mit einzubeziehen, um so Synergien zwischen den einzelnen Produkten zur Senkung der Herstellkosten zu nutzen. Als geeignetes Hilfsmittel dient dazu ein Produktplan, der genaue Informationen enthält, wann das Unternehmen welches Produkt in den Markt bringen wird.

Ansatzpunkte zur Nutzung von Synergien zwischen den Produkten sind die bereits erwähnten Baureihen, Baukästen oder Plattformen.

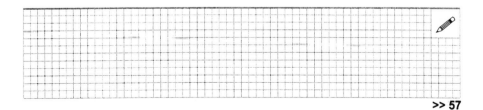

5.1.3 Produktanforderungen aus der Wettbewerbsanalyse

> *„Wenn du den Feind kennst und dich selbst,*
> *musst du auch hundert Schlachten nicht fürchten.*
>
> *Wenn du dich selbst kennst, aber den Feind nicht,*
> *wirst du für jeden Sieg auch eine Niederlage einstecken.*
>
> *Wenn du weder den Feind kennst noch dich selbst,*
> *wirst du in jeder Schlacht unterliegen."*
>
> Sun TZU, Die Kunst des Krieges,; China 500 v Chr.

Übertragen auf die Situation im wirtschaftlichen Wettbewerb heißt das, dass es für den Erfolg eines Unternehmens im Markt von grundlegender Bedeutung ist, die Wettbewerber in den Zielmärkten genau zu kennen. Um aber selbst erfolgreich im Markt zu sein, ist es von sehr großer Wichtigkeit, die eigenen Stärken und Schwächen, aber auch die der Wettbewerber, genau zu kennen.

Für die Entwicklung von erfolgreichen Produkten ist eine gezielte und systematische Wettbewerbsanalyse unbedingt notwendig. Aus ihr ergeben sich sowohl kunden- wie auch herstellerrelevante Merkmale, die Einfluss auf die Entwicklung des eigenen Produktes haben.

Dabei gilt es im Rahmen der Wettbewerbsbeobachtung sowohl die **Produkte** als auch die **Wettbewerbsunternehmen** als solche zu beobachten. Die Produktbeobachtung ermöglicht **kurz- bis mittelfristige** Aussagen über die Wettbewerber. Die Merkmale der Wettbewerbsprodukte müssen dazu genau erfasst werden, um daran die Anforderungen an das eigene, neue Produkt zu spiegeln. Nur so kann sichergestellt werden, dass das neue Produkt die Anforderungen der Kunden mindestens in der Qualität erfüllt, wie es die Wettbewerbsprodukte schon jetzt tun. Welche Informationen zu den Wettbewerbsprodukten gesammelt werden sollten, ist als Auszug in *Tabelle 5.1-2* zusammengefasst.

Die Beobachtung der Wettbewerbsunternehmen ermöglicht **mittel- bis langfristige** Aussagen. Ziel ist es, das wahrscheinliche Verhalten der Wettbewerber und eventuell neue Produkte der Wettbewerber frühzeitig zu erkennen.

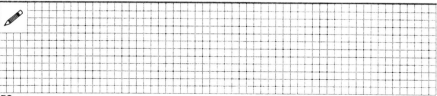

Informationen zu den ...

Wettbewerbs-produkten	◆ Welche Produkte haben die Wettbewerber?
	◆ Wie sind die Produkte der Wettbewerber in Bezug auf ihre kundenrelevanten Merkmale wie Funktionen, Design, Image, Qualität, Dienstleistungen, etc. zu beurteilen?
	◆ Wie sind die herstellerrelevanten Merkmale des Produktes realisiert: Produktstruktur, Art und Anzahl der Teile, Fertigungsverfahren, Werkstoffe, etc.?
	◆ Preise der Produkte?
	◆ Realisierung der Funktionen der Produkte – Zukaufteile nach Anzahl und Art, gewählte Fertigungsverfahren, Werkstoffe, ...?
	◆ In welche Richtung geht die Entwicklung der Produkte bei den Wettbewerbern?

Informationen zu den ...

Wettbewerbs unternehmen	◆ Welche Unternehmen bieten relevante Produkte im Markt an?
	◆ Welche Produkte werden von den Wettbewerbern angeboten?
	◆ Umsatz, Mitarbeiterzahl?
	◆ Niederlassungen?
	◆ Vertriebswege?
	◆ Kernkompetenzen der Wettbewerbsunternehmen.

Tabelle 5.1-2:   Kriterien zur Analyse von Wettbewerbsprodukten und Wettbewerbsunternehmen

Die Analyse der Wettbewerbsunternehmen ist noch wichtiger als die Analyse der Wettbewerbsprodukte, da sie in die Zukunft gerichtet ist, wie die Entwicklung des eigenen, neuen Produktes auch.

Bei der Wettbewerbsanalyse darf allerdings nicht vergessen werden, über das Feld der eigenen Branche hinaus zu schauen. In anderen Branchen können gänzlich neue Lösungen entstehen, die im eigenen Markt den Kunden einen höheren Wert

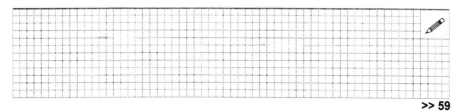

bieten und so die eigenen Produkte und die der bekannten Wettbewerber vom Markt verdrängen.

5.1.3.1 Informationsbeschaffung für die Wettbewerbsanalyse

Wo können nun die benötigten Informationen zur Beurteilung der Wettbewerbsprodukte und –unternehmen herkommen? Viele Quellen mit Informationen über Wettbewerbsprodukte sind frei zugänglich.

- Kauf und detaillierte Analyse von Wettbewerbsprodukten. Dieses ist allerdings bei teuren Investitionsgütern häufig nicht machbar,
- Produktprospekte,
- Messebesuche,
- Internet,
- Patente (z.B. Internet: Deutsches Patentamt: www.depatisnet.de; US Patent and Trademark Office: www.uspto.gov/patft/),
- Analyse des Wirtschaftsteils überregionaler Tageszeitungen und Zeitschriften,
- Firmenbesuche,
- Stellenanzeigen in Tageszeitungen,
- eigener Vertrieb und Kundendienst.

Für alle gesammelten Informationen zu den Produkten und Unternehmen des Wettbewerbs gilt, dass diese **Informationen** wie ein **Mosaik** zusammengetragen werden müssen. Hier ist ein entsprechendes Wissensmanagement im Unternehmen mit zentraler Sammlung und Analyse der Informationen erforderlich. Nur so ist es möglich, ein vollständiges Bild der Wettbewerbslandschaft zu erarbeiten, das dann als Basis für die eigene Strategie dienen kann.

5.1.3.2 Bewertung von Wettbewerbsprodukten

Wichtig für eine verlässliche Aussage über die Stärken und Schwächen der Wettbewerbsprodukte ist eine **systematische Bewertung**. Dazu ist es sinnvoll, die Erfüllung der Produktmerkmale durch die Vergabe von Punkten oder Noten zu bewerten.

Wird eine geeignete Darstellung gewählt, so entsteht ein **Stärken- und Schwächen-Profil** der Wettbewerbsprodukte, *Bild 5.1-7.*

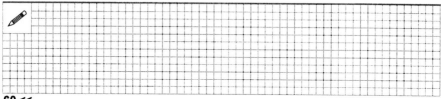

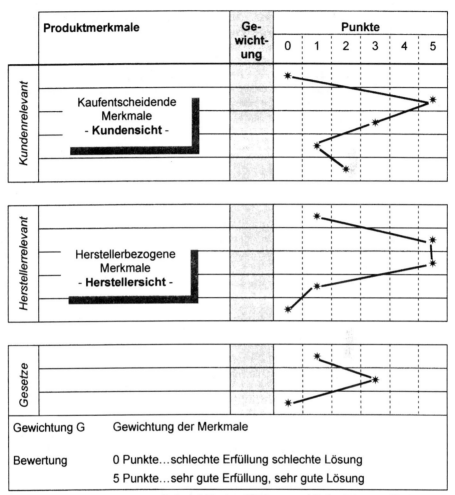

Produktmerkmale	Ge-wicht-ung	Punkte					
		0	1	2	3	4	5

Kundenrelevant

Kaufentscheidende
Merkmale
- **Kundensicht** -

Herstellerrelevant

Herstellerbezogene
Merkmale
- **Herstellersicht** -

Gesetze

Gewichtung G   Gewichtung der Merkmale

Bewertung   0 Punkte…schlechte Erfüllung schlechte Lösung

5 Punkte…sehr gute Erfüllung, sehr gute Lösung

Bild 5.1-7:   *Beispiel für das Stärken- und Schwächenprofil eines Produktes*

Weitere Merkmale können bei Bedarf hinzugenommen oder weggelassen werden. Dieses Stärken- und Schwächen-Profil wird dazu genutzt, Ziele für das eigene Produkt frühzeitig festzulegen, um eine sichere Positionierung im Markt zu erreichen.

Multipliziert man die Gewichtung der kundenrelevanten Merkmale mit der jeweiligen Bewertung und addiert diese auf, so ergibt sich daraus ein numerischer Wert, der als **Kundennutzen** bezeichnet wird. Je höher dieser Wert, um so höher ist der Kundennutzen und damit der Wert des Produktes für den Kunden.

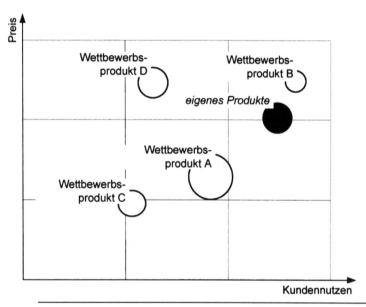

Bild 5.1-8:   *Darstellung der Wettbewerbssituation in einem Portfolio – Kreisdurchmesser entspricht dem Marktanteil*

Nimmt man noch den Preis mit in den Vergleich der Produkte auf, so lässt sich in einer so genannten **Portfolio-Darstellung**, *Bild 5.1-8,* die Marktsituation abbilden. Zusätzlich kann über die Größe der Symbole noch der Marktanteil der einzelnen Wettbewerbsprodukte dargestellt werden.

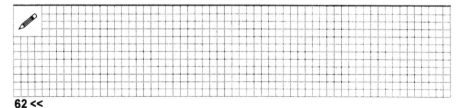

Ist eine detaillierte Wettbewerbsanalyse wie beschrieben nicht möglich, so kann ein Portfolio auch mit Hilfe einer Abschätzung des Kundennutzens in einem interdisziplinären Entwicklungsteam erstellt werden. Als Abstufung für den Kundennutzen reicht dabei in der Regel schon eine Grobklassifizierung in niedrig, mittel, hoch.

Folgende Aussagen lassen sich aus der Portfolio-Darstellung ableiten:

♦ Wie sind die Produkte der Wettbewerber im Markt einzuordnen?

♦ Wo ist das eigene Produkt einzuordnen?

♦ Ist die geplante Preis-Leistungs-Kombination für das neue Produkt aufgrund der Wettbewerbssituation sinnvoll?

♦ Wo befinden sich noch freie oder wenig besetzte und Erfolg versprechende Felder?

Aufgabe der Produktentwicklung ist die Entwicklung eines Produktes mit einer erfolgreichen Kundennutzen-Preis-Kombination, wobei die Wettbewerbsstrategie des Unternehmens zu berücksichtigen ist.

5.1.4 Anforderungen aus Gesetzen, Normen und Richtlinien

Neben den Anforderungen von Seiten der Kunden und aus dem eigenen Unternehmen gibt es eine Vielzahl von Gesetzen, Normen und Richtlinien, die bei der Entwicklung eines neuen Produktes berücksichtigt werden müssen. Diese sind abhängig vom Produkt, der Branche und dem Zielland. Aus diesen Gesetzen, Normen und Richtlinien ergeben sich weitere Anforderungen an das neue Produkt.

Für den Entwickler ist es notwendig, sich mit den entsprechenden Gesetzen, Normen und Richtlinien der Zielländer vertraut zu machen. Werden entsprechende Regelwerke nicht eingehalten, kann das zu teilweise drastischen Strafen führen. Besonders problematisch wird die Situation, wenn durch die Nichtbeachtung Menschen zu Schaden kommen oder Sachen beschädigt werden.

Eine gute Übersicht über aktuelle Gesetze, Vorschrift und Durchführungsverordnungen auf EU-, Bundes- und Landesebene bieten die Internet-Seiten der Gewerbeaufsichtsämter. Für das Land Baden-Württemberg lautet dessen Internetadresse: **www.gewerbeaufsicht.baden-wuerttemberg.de**.

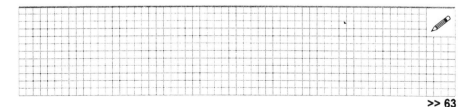

5.1.5 Dokumentation der Anforderungen

Die Dokumentation der Anforderungen bildet die Basis für die Arbeit des Entwicklungsteams. Gleichzeitig ist die Dokumentation Kommunikationsinstrument zwischen allen an der Entwicklung beteiligten Bereichen innerhalb und außerhalb des Unternehmens.

5.1.5.1 Anforderungsliste

Die Anforderungsliste, *Bild 5.1-9*, enthält in den Kopfzeilen allgemeine Informationen wie, den Titel des Projektes, Nennung des/der Verantwortlichen für die Anforderungsliste und den Verteiler. Es folgen die Anforderungen an das Produkt. Diese Anforderungen sind jeweils zu quantifizieren, d.h. mit physikalischen Größen zu versehen. Daraus ergeben sich zwei Vorteile:

◆ Im Entwicklungsteam entsteht so eine gemeinsame Vorstellung darüber, welche Ausprägungen die einzelnen Anforderungen haben sollen.

◆ Die Quantifizierung der Anforderungen erlaubt später eine Kontrolle, ob die Anforderungen mit den gewünschten Vorgaben erfüllt wurden.

Bei der Quantifizierung der Anforderungen wird zwischen **Festforderungen** und **Mindestanforderungen** unterschieden. Bei den Festanforderungen ist ein bestimmter Wert genau einzuhalten, z.B. Kraft F = 1000 N. Bei den **Mindestforderungen** dürfen bestimmte Grenzwerte nicht über- oder unterschritten werden, z.B. Geräuschentwicklung L $\leq$ 80 dB(A) oder Gewicht $\leq$ 5 kg. Allerdings lassen sich nicht alle Anforderungen in der genannten Form quantifizieren. Beispielsweise Anforderungen an das Design eines Produktes lassen sich nicht durch Zahlenwerte beschreiben. Hier empfiehlt sich die Quantifizierung über die Angabe von Beschreibungsmerkmalen, um die Anforderung näher zu erläutern.

In die Spalte **Klassifizierung** wird die Klassifizierung der Anforderungen nach dem beschriebenen Kano-Modell eingetragen. In die Spalte **Wichtigkeit** wird die ermittelte Gewichtung der Anforderungen eingetragen. Auf Basis dieser Bewertung werden in einem späteren Schritt u.a. die Zielkosten des Produktes aufgespalten.

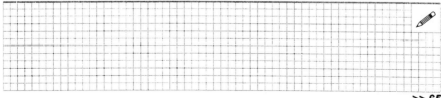

Nr.	Anforderung	Quantifizierung	Klassifizierung	Wichtigkeit	Status	Änderung

Bild 5.1-9:   *Beispiel für den prinzipiellen Aufbau einer Anforderungsliste*

Weiter oben wurde beschrieben, dass es sinnvoll ist, die Anforderungen möglichst spät einzufrieren. Dieses hat natürlich Auswirkungen auf den Entwicklungsprozess. Ziel muss es sein, für den Kunden wichtige Anforderungen möglichst spät einzufrieren, gleichzeitig aber nicht alle Anforderungen offen zu halten. Außerdem wird bei der Definition der Anforderungen häufig festgestellt, dass noch Informationen fehlen, um beispielsweise die Quantifizierung festzulegen. Demnach ist es sinnvoll, die Anforderungen in der Anforderungsliste zu kennzeichnen, die noch nicht abschließend festgelegt sind. Dazu dient in der Anforderungsliste die Spalte **Status**. Dort wird vermerkt, ob eine Anforderung bereits abschließend festgelegt ist, ob zur Festlegung noch Informationen fehlen oder ob die Anforderung bewusst noch offen gehalten wird. Das Entwicklungsprojekt muss so gestaltet werden, dass Funktionsträger, Baugruppen oder Bauteile, die zur Verwirklichung noch offener Anforderungen erforderlich sind, möglichst spät bei der Produktgestaltung realisiert werden.

Wird eine bereits festgelegte Anforderung geändert, so ist dieses in der Anforderungsliste zu vermerken. Dazu dient die Spalte **Änderung**.

In der Fußzeile wird der aktuelle Stand der Anforderungsliste vermerkt. Wird die Anforderungsliste ergänzt oder verändert, so wird festgehalten, welche vorhandene Liste durch die neue Anforderungsliste ersetzt wird. So soll sichergestellt werden, dass alle Teammitglieder auch mit der aktuellen Anforderungsliste arbeiten.

5.1.5.2   Lastenheft und Pflichtenheft

Bei den meisten Projekten sind neben den eigentlichen Anforderungen weitere Informationen für eine zielgerichtete Entwicklung erforderlich. Die Anforderungsliste alleine reicht als Entwicklungsbasis bei den meisten Produkten nicht aus. In der Praxis hat sich dazu das Lastenheft entsprechend der VDI-Richtlinie 2519 Blatt 1 [5/6] bewährt.

Definition Lastenheft
Das Lastenheft enthält eine Zusammenstellung aller Anforderungen des Auftraggebers hinsichtlich Liefer- und Leistungsumfang. Im Lastenheft steht:

WAS ist **WOFÜR** zu lösen.

Es enthält die Anforderungen aus Anwendersicht und alle Randbedingungen im Zusammenhang mit der Entwicklung des Produktes. Die Anforderungen müssen, wie bereits bei der Anforderungsliste erläutert, quantifizierbar und prüfbar sein. Das Lastenheft wird vom **Auftraggeber** oder in dessen Auftrag erstellt. Auftraggeber kann dabei ein externer Kunde sein oder ein Bereich aus dem eigenen Unternehmen. Das Lastenheft dient als Ausschreibungs-, Angebots- und/oder Vertragsgrundlage.

Nach der VDI-Richtlinie 2519 Blatt 1 wird folgende Gliederung für das Lastenheft vorgeschlagen:

◆   Einführung in das Projekt
◆   Beschreibung der Ausgangssituation

- ◆ Aufgabenstellung (Sollzustand)
- ◆ Schnittstellen
- ◆ Anforderungen an die Systemtechnik
- ◆ Anforderungen für die Inbetriebnahme
- ◆ Anforderungen an die Qualität
- ◆ Anforderungen an die Projektabwicklung (Projektorganisation)

Das Lastenheft steht am Ende der **Produktdefinition**.

In engem Zusammenhang mit dem Lastenheft steht das Pflichtenheft. Es ist wie folgt definiert:

Definition Pflichtenheft

Das Pflichtenheft beschreibt der Realisierung aller Anforderungen des Lastenheftes. Im Pflichtenheft wird definiert:

> **WIE** und **WOMIT** werden die Anforderungen realisiert.

Das Pflichtenheft wird vom **Auftragnehmer** erstellt. Dabei kann der Auftragnehmer eine Abteilung im eigenen Unternehmen sein oder ein externer Auftragnehmer. Der Auftragnehmer prüft bei der Erstellung des Pflichtenheftes, ob die im Lastenheft definierten Anforderungen widerspruchsfrei und realisierbar sind. Das Pflichtenheft bedarf der Genehmigung durch den Auftraggeber. Nach der Genehmigung durch den Auftraggeber wird das Pflichtenheft die verbindliche Vereinbarung für die Realisierung und Abwicklung des Projektes für den Auftraggeber und den Auftragnehmer.

Das Pflichtenheft enthält als Bestandteil das Lastenheft.

Inhalt des Pflichtenheftes

- ◆ Inhalt des Lastenheftes sowie
- ◆ Systemtechnische Lösungen
- ◆ Systemtechnik (Ausprägung)

Das Pflichtenheft steht am Ende der **Produktkonzeption**. Es beschreibt die prinzipielle Lösung für die Aufgabenstellung, lässt aber gleichzeitig Raum für die detaillierte Ausgestaltung der Lösung im Rahmen der Produktgestaltung.

Lastenheft und Pflichtenheft sind von besonderer Bedeutung bei der Vergabe von Entwicklungsaufträgen für Produkte oder Teilsysteme an Zulieferer. Sie bilden die Grundlage für den Abschluss eines Entwicklungsvertrages.

5.2 Analyse der Anforderungsbeschreibung

Nachdem die Anforderungen definiert und dokumentiert wurden, ist ein Anforderungsreview vorzunehmen. Wie bereits oben erwähnt, wird das Produkt auf der Basis der Anforderungen entwickelt. Eine schlechte oder nicht korrekte Definition der Anforderungen wird sich zwangsläufig auf den Erfolg des neuen Produktes auswirken. Deshalb ist es erforderlich, durch die Analyse der Anforderungsbeschreibung die Qualität der Anforderungen sicherzustellen. Mit Hilfe der Anforderungsanalyse soll im Einzelnen geklärt werden, ob:

♦ die Anforderungen vollständig sind,
♦ keine Mehrdeutigkeiten und Redundanzen vorhanden sind,
♦ die Anforderungen widerspruchsfrei sind,
♦ am fertigen Produkt die Erfüllung der Anforderungen überprüft werden kann,
♦ die formulierten Anforderungen tatsächlich zum gewünschten Produkt führen.

5.3 Bestimmung der Zielkosten für das Produkt

Vielfach wird heute noch in Unternehmen der Marktpreis eines Produktes auf der Basis der zu erwartenden Herstellkosten ermittelt. Es wird also der aus Sicht des Unternehmens erforderliche Preis definiert, damit ein Gewinn mit dem Produkt erwirtschaftet werden kann – Buttom-Up Preisfestlegung, *Bild 5.3-1*.

Diese Vorgehensweise orientiert sich nicht am Markt, sondern am Bedarf des Unternehmens. In einem so kalkulierten Preis sind enthalten:

♦ Kosten für Produktfunktionen, welche die Kunden eventuell gar nicht benötigen,
♦ Kosten für schlecht funktionierende Prozesse im Unternehmen (z.B. Vertriebs-, Entwicklungs-, Herstell- und Führungsprozesse),
♦ Overheadkosten im Unternehmen durch eine zu große Verwaltung, etc.

Das Unternehmen definiert so einen Preis, um seine Kosten zu decken.

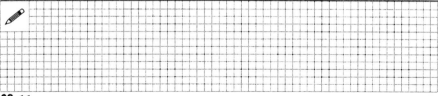

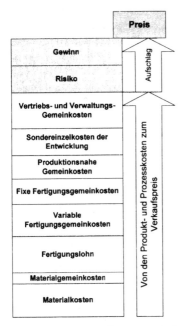
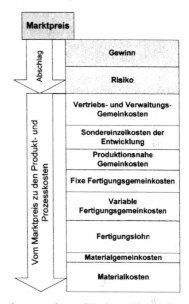

Preisfestlegung mittels Zuschlagskalkulation aufgrund der Kosten im Unternehmen (Bottom Up).

Festlegung der zulässigen Herstellkosten für ein Produkt aufgrund des erzielbaren Marktpreises (Top Down).

Bild 5.3-1:   *Preisermittlung auf der Basis der Kosten im Vergleich zur Kostenfestlegung aufgrund des Marktpreises*

Als Konsequenz daraus ergibt sich dann, dass die Kunden auf Wettbewerbsprodukte ausweichen, weil die eigenen Produkte für den gebotenen Nutzen zu teuer sind - Absatz und Umsatz sinken.

Dieser Ansatz, den Preis aufgrund der Kosten zu definieren, führt in der Produktentwicklung häufig zum so genannten **Over-Engineering**. Dabei werden Funktionen in ein Produkt integriert oder technische Lösungen für Funktionen erarbeitet, die für den Markterfolg des Produktes nicht relevant sind, die aber Kosten verursachen.

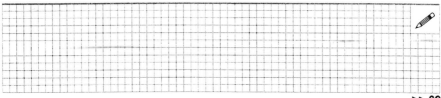

Aus diesem Grund setzt sich in Unternehmen immer stärker die **zielkostenorientierte Produktentwicklung**, auch als **Target Costing** oder **Design to Cost** bezeichnet, durch. Dabei orientiert sich die gesamte Entwicklung an einem vor Beginn der Entwicklung festgelegten Zielpreis des Produktes.

5.3.1   Festlegung der Zielkosten aufgrund von Marktanalysen oder strategischen Überlegungen

Erster Schritt der zielkostenorientierten Entwicklung ist die Festlegung des Zielmarktpreises. Dazu sind folgende Ansätze anwendbar.

♦   Preisfestlegung auf Basis der **Wettbewerbsanalyse**. Dazu kann das im *Bild 5.1-8* dargestellte Portfolio verwendet werden. Sind die Wettbewerber in diesem Portfolio eingetragen, kann für das eigene Produkt eine der Wettbewerbsstrategie folgende Festlegung der gewünschten Kundennutzen-Preis-Kombination erfolgen. Damit wird dann der Zielpreis des eigenen Produktes definiert.

♦   Marktforschung unter Anwendung der **Conjoint-Analyse**. Dieser Ansatz eignet sich besonders dann, wenn es um die Gestaltung von neuen Produkten geht. Bei dieser Methode werden dem potenziellen Kunden verschiedene Kombinationen von Produktmerkmalen und Preisen zur Auswahl gegeben. Der Kunde wählt dann daraus die Kombination aus, die für ihn den größten Wert darstellt. Mit Hilfe einer Analysesystematik wird neben dem Gesamtwert des möglichen Produktes auch der Wert der einzelnen Produktmerkmale aus Kundensicht ermittelt. Diese Methode liefert also mehr als nur den Marktpreis.

♦   Zielpreisfestlegung aufgrund **strategischer Planungen** des Unternehmens. Möchte ein Unternehmen beispielsweise ein neues Produkt in den Markt bringen, so kann eine Festlegung des Marktpreises aufgrund strategischer Überlegungen erfolgen. Dabei kann durchaus die Entscheidung getroffen werden, den Preis unterhalb der zu erwartenden Selbstkosten anzusiedeln und das Produkt, zumindest für eine gewisse Zeit, durch andere Produkte zu subventionieren. Ein so festgelegter Marktpreis kann allerdings nicht als Basis zur Ermittlung der zulässigen Herstellkosten herangezogen werden.

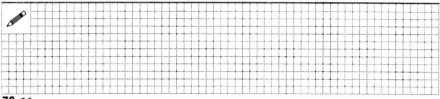

5.3.2 Festlegung der Zielherstellkosten auf Basis der Wettbewerbsanalyse

Neben der genannten Vorgehensweisen findet in der Entwicklungspraxis eine weitere Methode Anwendung. Besonders dann, wenn das eigene Unternehmen die Kostenführerschaft anstrebt, kann diese sinnvoll sein.

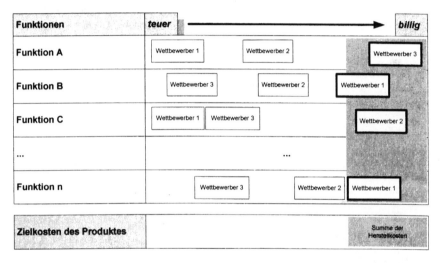

Bild 5.3-2: *Ermittlung von Kostenzielen aus einer detaillierten Wettbewerbsanalyse*

Es wird die jeweils kostengünstigste Lösung für eine Funktion aus allen Wettbewerbsprodukten genommen, *Bild 5.3-2* und aus der Summe der Funktionskosten die Zielherstellkosten für das Produkt ermittelt. Die einzelnen Funktionskosten sind dabei zu schätzen aufgrund:

♦ der Anzahl der Teile,

♦ der verwendeten Werkstoffe,

♦ der notwendigen Bearbeitungs- und Montageschritte sowie den

♦ geschätzten Kosten der Herstellung und Montage.

Dieses Verfahren, welches im Zusammenhang mit dem Reverse Engineering steht, orientiert sich an den Produkten der Wettbewerber und nicht am Markt. Dabei geht man davon aus, dass durch diese Vorgehensweise die kostengünstigste Lösung entsteht, die auf jeden Fall im Markt abgesetzt werden kann. Problematisch ist in der praktischen Anwendung die Abschätzung der Herstell- und Montagekosten. Diese Abschätzung kann nur von entsprechend erfahrenen Mitarbeitern durchgeführt werden.

Aus dieser Vorgehensweise ergeben sich meist sehr ambitionierte Herstellkostenziele für die Produktentwicklung. Besonders eignet sich dieses Verfahren für die Festlegung der Zielherstellkosten der zu den Basisanforderungen an das Produkt gehörenden Basisfunktionen.

5.4 Wirtschaftlichkeit des Entwicklungsprojektes

Nach Abschluss der Produktdefinition sind noch keine detaillierten Lösungen für das neue Produkt vorhanden. Trotzdem ist es aber notwendig, bereits nach Abschluss dieser Phase die Wirtschaftlichkeit des Entwicklungsvorhabens abzuschätzen. Die notwendigen Informationen für die Abschätzung liegen vor:

♦ erwartete Absatzzahlen für das Produkt,

♦ Zielmarktpreis des Produktes,

♦ Zielherstellkosten und Selbstkosten des Produktes abgeleitet aus dem Zielmarktpreis.

Auf Basis dieser Informationen kann mit Hilfe der Verfahren der Wirtschaftlichkeitsrechnung abgeschätzt werden:

♦ Wie hoch bei geforderten Wirtschaftlichkeitskriterien für das Entwicklungsprojekt (Amortisationsdauer, Kapitalwert, etc.) die Investition in das Projekt sein darf.

♦ Ob die Entwicklung des Produktes bei maximal zulässiger Investition und vorgegebenen Wirtschaftlichkeitskriterien überhaupt wirtschaftlich ist.

Die wichtigsten Verfahren der Wirtschaftlichkeitsrechnung werden im Kapitel 10 erläutert.

Natürlich kann die Wirtschaftlichkeitsrechnung in diesem frühen Stadium der Produktentwicklung nur eine Abschätzung liefern. Allerdings lässt sich in diesem frühen Stadium, ohne dass bis dahin große Investitionen notwendig sind, in der Tendenz erkennen, ob die Entwicklung des neuen Produktes wirtschaftlich Sinn macht oder nicht.

6 Produktkonzeption

6.1 Ziele der Konzeptphase

In dieser Phase der Produktentwicklung werden prinzipielle Lösungen für das neue Produkt erarbeitet. Sie fordert besonders die Kreativität des Entwicklungsteams. In dieser Phase sind grundsätzlich mehrere, unterschiedliche Lösungskonzepte zu erarbeiten. Im weiteren Verlauf der Entwicklung nimmt das Wissen über eine geplante Lösung zu. Dieses kann dazu führen, dass durch Probleme im Detail ein Konzept nicht realisiert werden kann. Ist nun nur ein Lösungskonzept vorhanden, so ist es zwangsläufig notwendig, bereits abgearbeitete Entwicklungsschritte zu wiederholen, was zeitaufwendig und teuer ist. Zudem bieten mehrere Lösungskonzepte den Vorteil, dass im Verlauf der Produktentwicklung die jeweils besten Elemente zu einer neuen, optimalen Lösung zusammengeführt werden können.

Ein Blick in die Praxis der Produktentwicklung zeigt, dass die besten Produktkonzepte durch eine methodische und systematische Vorgehensweise erreicht werden. Dieses klingt im ersten Moment wie ein Widerspruch zu der in dieser Entwicklungsphase notwendigen Kreativität. Die Methodik aber dient zur Unterstützung der Kreativität. Zudem hilft die methodische Vorgehensweise, auch in dieser frühen Phase der Produktentwicklung immer eine Rückkopplung zu den Anforderungen zu ermöglichen, um so deren Erfüllung sicherzustellen.

6.2 Funktionale Beschreibung des Produktes

Die Basis für die Konzeption eines Produktes ist das grundlegende Verständnis der Aufgabenstellung. So bauen die weiter unten beschriebenen Methoden zur Ideenfindung immer auf einer genauen Problemanalyse auf. Die funktionale Beschreibung des Produktes dient dieser Analyse. Sie ermöglicht ein grundlegendes Verständnis des zu entwickelnden Produkts, ohne sich direkt auf bestimmte Lösungen festzulegen. Eine Funktion wird nach [6/1] definiert:

Funktion "...beschreibt eine Funktion die **Wirkung** eines Produktes oder eines seiner Bestandteile..."

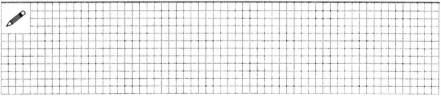

Diese Definition ist allgemein und umfasst die im *Bild 2.3-2* dargestellten **praktischen** und **emotionalen Funktionen** des Produktes, [6/3], [6/4]. Einen etwas erweiterten Funktionsbegriff zeigt *Bild 6.2-1*. Zusätzlich zu den praktischen Funktionen sind noch die wirtschaftlichen Funktionen unter dem Begriff der rationalen Funktionen berücksichtigt.

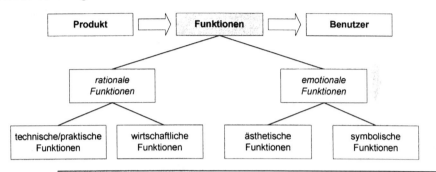

Bild 6.2-1:   *Unterteilung der Funktionen in Anlehnung an [6/4]*

Wie bereits bei der Definition der Produktmerkmale erläutert, sind Gestalt, Ästhetik und Ergonomie heute wichtige Elemente eines Produktes. Diese bestimmen über Erfolg oder Misserfolg eines Produktes mit. Dabei spielen diese Merkmale bei nahezu allen Produkten eine Rolle, egal ob es sich um Küchengeräte, Kraftfahrzeuge oder Baumaschinen handelt.

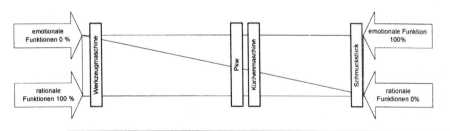

Bild 6.2-2:   *Einordnung verschiedener Produkte nach ihrem Anteil an rationalen und emotionalen Funktionen*

Im Einzelnen werden mit der funktionalen Beschreibung folgende Ziele verfolgt:

♦ verbessertes Verständnis über die Wirkungsweise des Produktes

♦ gemeinsames Produktverständnis der Mitglieder im Entwicklungsteam

♦ Wirkstrukturen und Abhängigkeiten werden erkannt

♦ mögliche vorliegende Lösungen werden entfremdet und durch eine lösungsneutrale Beschreibung des Produktes ersetzt

♦ Trennung von Wesentlichem und Unwesentlichem

♦ Unterstützung der Ideensuche durch sinnvolle Abstraktion der Problemstellung

♦ die Projektarbeit im Team wird versachlicht

♦ durch die lösungsneutrale Darstellung wird der Wettbewerbsvergleich bei Produkten vereinfacht.

Die Beschreibung einer Funktion soll kurz und prägnant sein. Sie wird deshalb beschrieben mit:

$$\textbf{Substantiv} \quad + \quad \textbf{Verb}$$

Substantiv Beschreibt **Wo** oder **Womit** etwas geschieht (Ausgangsort der Wirkung)

Verb Beschreibt **Was** geschieht (die Wirkung)

Bei der Beschreibung der Funktionen ist darauf zu achten, dass diese lösungsneutral beschrieben werden. Nur so ergibt sich die Möglichkeit, im Rahmen der Ideenfindung neue und innovative Lösungen zu generieren.

Häufig stellt sich im Zusammenhang mit der funktionalen Beschreibung die Frage nach dem richtigen Abstraktionsgrad. In der VDI-Richtline 2803 Blatt 1 [6/5] findet sich dazu das *Bild 6.2-3*. Danach darf eine Funktionsbeschreibung nicht im realen Bereich bleiben, weil es sich dann nur um die Beschreibung des realen Systems handelt und direkt schon eine Lösung enthält. So wird der Weg zu neuen Lösungen schon verbaut. Die Beschreibung „Benzin pumpen" im Bild gibt direkt den Stoff, Ben-

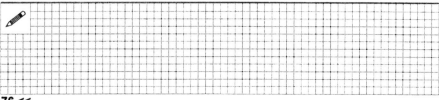

zin, und die Lösung, pumpen, vor. Die ideale Funktionenbeschreibung entsprechend [6/5] findet sich im Übergang vom ikonischen in den symbolischen Bereich. Für das Beispiel aus *Bild 6.2-3* heißt dieses, dass eine Funktionsbeschreibung der Form „Flüssigkeit fördern" genau den richtigen Abstraktionsgrad für die Lösungssuche darstellt. Liegt die Beschreibung zu sehr im symbolischen Bereich, so eignet sie sich nicht mehr als Basis für die spätere Lösungssuche. Der Lösungsraum, der sich mit zu abstrakten Funktionen aufspannt, führt häufig zu vielen Lösungen, die aber für die Entwicklung des Produktes ungeeignet sind.

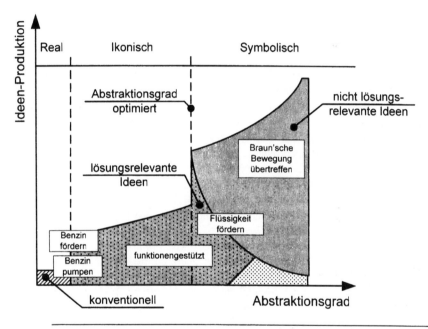

Bild 6.2-3:   *Ideenproduktion in Abhängigkeit vom Abstraktionsgrad der Funktionsbeschreibung [6/5]*

Eine ausführlichere Darstellung zum Abstraktionsgrad und zur Wahl des richtigen Abstraktionsgrades findet sich in [6/6].

6.2.1   Bestimmung der Produktfunktionen

In einem ersten Schritt werden die Soll-Funktionen [6/5] des Produktes festgelegt.

Soll-Funktionen   Die Soll-Funktionen werden sowohl bei der Weiterentwicklung eines Produktes als auch bei der Entwicklung eines neuen Produktes benötigt. Sie stellen nach [6/5] die „optimierte Beschreibung des Soll-Zustandes" des Produktes dar.

Die Soll-Funktionen eines Produktes sind abhängig von:

♦ Den **funktionalen Anforderungen** an das Produkt, die in der Anforderungsliste oder im Lastenheft festgelegt sind. Dabei ist zu beachten, dass sich die für den Nutzer selbstverständliche Funktionen häufig nicht in den Anforderungen wieder finden. Sie sind aber unbedingt im Produkt zu realisieren, da ansonsten das Produkt die Basisfunktionen nicht erfüllt.

♦ Den **Funktionen der Wettbewerbsprodukte**, da Kunden vor der Kaufentscheidung häufig Vergleiche zwischen den Produkten anstellen. Funktionen von Wettbewerbsprodukten, die beim eigenen Produkt fehlen, können zu einer Kaufentscheidung zugunsten des Wettbewerbsproduktes führen.

♦ Der **Produktstrategie des eigenen Unternehmens**. Setzt das eigene Unternehmen auf eine Differenzierungsstrategie, so ist die funktionale Differenzierung eine der wichtigsten Möglichkeiten zur Realisierung unterscheidbarer Produkte. Das eigene Produkt muss dann Funktionen aufweisen, die einen Wert aus der Sicht der Kunden darstellen, bei den Wettbewerbsprodukten aber nicht vorhanden sind. Sieht das eigene Unternehmen sein Ziel dagegen in der Preisführerschaft, so sind die Basisfunktionen möglichst kostengünstig zu realisieren.

Grundsätzlich ist bei der Festlegung der Soll-Funktionen auf die Kundensicht zu achten. Es muss bei jeder Funktion die Frage gestellt werden, ob sie den Kunden einen Nutzen bringt, für den die Kunden auch bereit ist zu bezahlen. Funktionen, die dieses nicht erfüllen, sind konsequent wegzulassen, da sie fast immer zu höheren Kosten führen, die nicht an den Kunde weitergegeben werden können.

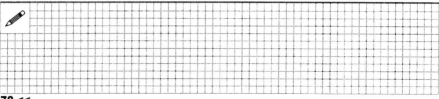

Die festgelegten Soll-Funktionen für das Produkt sind mit den definierten Anforderungen in der Anforderungsliste abzugleichen. Dieser Regelkreis soll sicherstellen, dass die Funktionen des Produktes tatsächlich die Anforderungen erfüllen. Auch bei den weiteren Schritten der Entwicklung des Produktes, Bestimmung der Wirkprinzipien, Strukturierung des Produktes und Festlegung der physikalische Eigenschaften ist die ständige Rückkopplung zu den Anforderungen unbedingt notwendig.

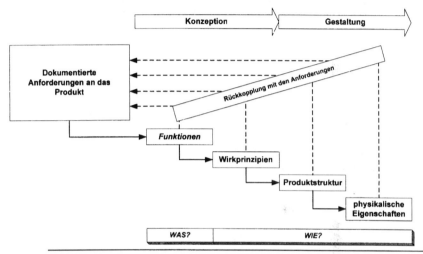

Bild 6.2-4:   *Abgleich von Funktionen, Wirkprinzipien, Produktstruktur und physikalischen Eigenschaften mit den Anforderungen an das Produkt*

Ist ein vorhandenes Produkt weiterzuentwickeln, so sind für dieses zusätzlich die **Ist-Funktionen** [6/5] zu bestimmen.

Ist-Funktionen   Vorhandene Funktionen eines existierenden Produktes.

Eine Analyse der Ist-Funktionen wird bei der Weiterentwicklung eines Produktes durchgeführt, um dessen Funktionen zu erkennen und mit den gewünschten Soll-Funktionen abzugleichen.

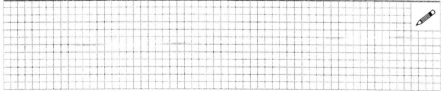

Die Soll-Funktionen und die Ist-Funktionen sind anschließend miteinander zu vergleichen. Im Vergleich zu den Soll-Funktionen überflüssige Ist-Funktionen sind wegzulassen. Maßgebend für die weiteren Entwicklungsschritte sind die Soll-Funktionen.

Im Zusammenhang mit den Funktionen eines Produktes spielen die Funktionenträger eine wichtige Rolle.

Funktionenträger   Unter Funktionenträger sollen diejenigen Elemente, Einzelteile, Baugruppen oder Komponenten verstanden werden, durch welche die Funktionen realisiert werden, um die gewünschte Wirkung zu erzeugen.

Eine der Hauptaufgaben des Ingenieurs im Bereich der Entwicklung und Konstruktion ist die Umsetzung von Funktionen in konkrete Funktionenträger.

6.2.2   Darstellung der Funktionen in einer Funktionenstruktur

Um den Zusammenhang der Funktionen eines Produktes zu veranschaulichen, werden diese in einer Funktionenstruktur dargestellt. Zwei unterschiedliche Darstellungsformen können dazu eingesetzt werden, der **Funktionenbaum** oder die **Verknüpfte Funktionenstruktur**.

Der Funktionenbaum stellt eine hierarchische Gliederung der Funktionen dar. In der obersten Hierarchiestufe steht die **Gesamtfunktion**, die sich aus **Teilfunktionen** zusammensetzt. Jede Teilfunktion kann wiederum aus untergeordneten Teilfunktionen bestehen, bis hin zu den Elementarfunktionen. Elementarfunktionen lassen sich nicht weiter unterteilen.

Um die Gliederung der Funktionen vorzunehmen, empfiehlt sich eine einfache Fragetechnik. Ausgehend von einer Funktion werden über die Frage:

WIE wird die Funktion realisiert?

deren Teilfunktionen ermittelt. In gleicher Weise werden wiederum deren Teilfunktionen der nächst niedrigeren Ebene bestimmt.

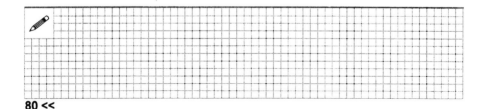

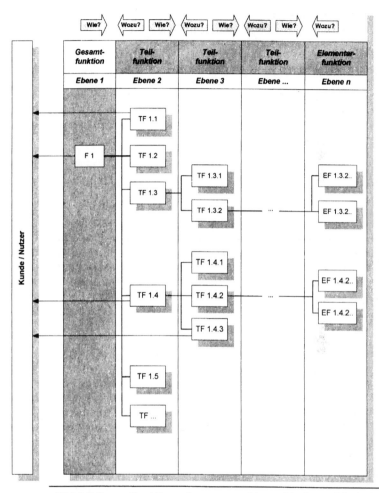

Bild 6.2-5: Funktionenbaum zur hierarchischen Gliederung der Funktionen eines Produktes sowie der vom Kunden / Nutzer direkt wahrgenommen Funktionen

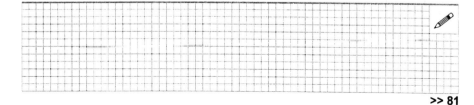

Umgekehrt wird durch die Frage:

WOZU dient die Funktion?

die zu einer Teilfunktion gehörende Funktion der nächst höheren Hierarchiestufe ermittelt.

Neben der Darstellung des Funktionenbaums mit einer von links nach rechts fallenden Hierarchie ist für den Funktionenbaum auch die Darstellung mit einer von oben nach unten fallenden Hierarchie möglich.

Bezüglich der technisch/praktischen Funktionen lassen sich aus einem Funktionenbaum bereits erste Aussagen über die mögliche Baustruktur (Produktstruktur) des Objektes ableiten.

Häufig taucht bei der Funktionenanalyse die Frage auf, wie viele Ebenen für die Funktionenstrukturierung sinnvoll sind. Erfahrungen aus der Praxis zeigen, dass eine bis hin zu den Elementarfunktionen betriebene Funktionenanalyse wenig sinnvoll ist. Sie führt meist zu einer komplexen Funktionenstruktur, die aber für die anschließende Lösungssuche wenig hilfreich ist. Die Funktionenanalyse sollte sich deshalb auf eine Detaillierung der Funktionen bis hin zur dritten oder vierten Ebene beschränken. Hier besteht allerdings noch Forschungsbedarf, um diese Frage abschließend zu klären.

Der Funktionenbaum, *Bild 6.2-5*, zeigt eine weitere Untergliederung der Funktionen - Funktionen, die von den Kunden **direkt wahrgenommen** werden und solche, die von den Kunden **nicht direkt wahrgenommen** werden. Die direkt wahrgenommenen Funktionen haben direkten Einfluss auf die Kaufentscheidung der Kunden und erfordern bei der Realisierung besondere Aufmerksamkeit. Sie eignen sich somit besonders für die Differenzierung des eigenen Produktes gegenüber den Wettbewerbsprodukten.

Für die von den Kunden nicht direkt wahrgenommenen Funktionen können andere Gestaltungskriterien im Vordergrund stehen, so beispielsweise die Frage nach Gleichteilen mit anderen Produkten.

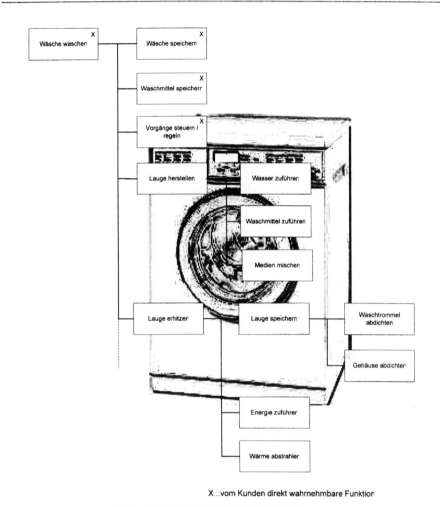

X...vom Kunden direkt wahrnehmbare Funktion

Bild 6.2-6:   *Ausschnitt aus dem Funktionenbaum einer Waschmaschine nach [6/5]*

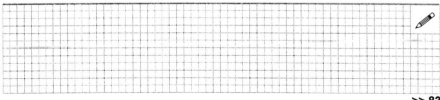

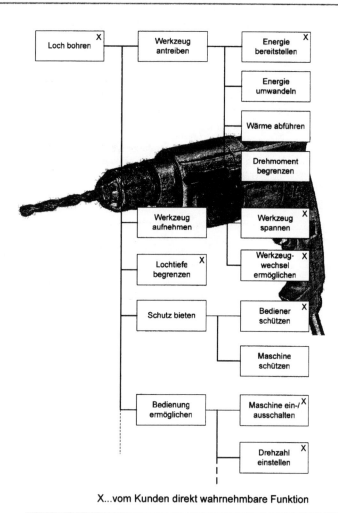

X...vom Kunden direkt wahrnehmbare Funktion

Bild 6.2-7:   Ausschnitt aus dem Funktionenbaum einer Hand-
bohrmaschine

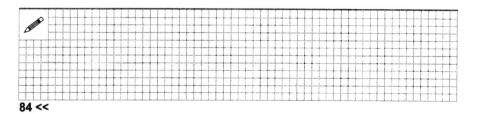

Aus dem Funktionenbaum ist das Zusammenwirken der einzelnen Funktionen nicht erkennbar. Dieses geht aus der zweiten möglichen Darstellungsform hervor, der so genannten **Verknüpften Funktionenstruktur**.

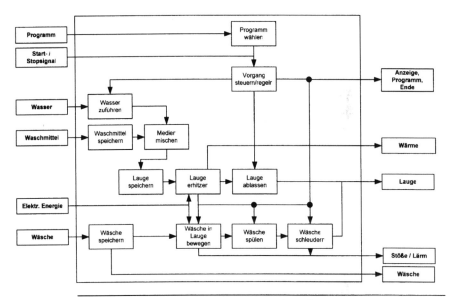

Bild 6.2-8:   Beispiel einer Verknüpften Funktionenstruktur in Anlehnung an [6/6]

In der Verknüpften Funktionenstruktur werden die Funktionen eines Objektes zusammen mit seinen Eingangs- und Ausgangsgrößen – Energie-, Stoff- und Informationsfluss – dargestellt. Mithilfe dieser Darstellungsform lässt sich sehr gut zeigen, wie die einzelnen Funktionen des Objektes zusammenwirken. Durch die dargestellten Verknüpfungen der einzelnen Funktionen eignet sich diese Darstellungsform auch als **Ansatzpunkt zur Lösungssuche** mittels Variation der Funktionenstruktur. Wenig Informationen liefert die Verknüpfte Funktionenstruktur zur Baustruktur des Produktes.

Eine dritte Darstellungsmöglichkeit, die hier der Vollständigkeit halber nur kurz erwähnt werden soll, ist die Funktionenstruktur FAST. FAST steht dabei für Funktionen-Analyse-System-Technik. Eine Beschreibung dazu findet sich beispielsweise in [6/5] und [6/6]. Die Darstellung der Funktionen im FAST-Diagramm wird vor allem in den USA angewendet.

Für die Funktionen gilt, was auch für die Anforderungen gilt: Sie sind nach ihrer Wichtigkeit zu gliedern. Dazu bieten sich verschiedene Ansätze an.

♦ Nach [6/5] kann durch die Unterteilung der Funktionen in **Haupt- und Nebenfunktionen** eine Rangfolge herausgearbeitet werden. Dieses soll hier nicht weiter betrachtet werden.

♦ Die Rangfolge der Funktionen kann mithilfe des Paarweisen Vergleichs erarbeitet werden. Die Bestimmung der Rangfolge mithilfe des Paarweisen Vergleichs wurde bereits im Kapitel 4 beschrieben.

♦ Als sinnvollster Ansatz hat sich die Korrelation der Funktionen mit den Anforderungen des Produktes erwiesen. Die entsprechende Vorgehensweise wird weiter unten beschrieben.

6.2.3 Arbeitsschritte der Funktionenanalyse

Um die Funktionen eines Produktes zu ermitteln, bedarf es einer systematischen Vorgehensweise. Eine solche wird unter anderem in [6/5] beschrieben, wobei grundsätzlich unterschieden wird in Analyse der Ist-Funktionen und die Beschreibung der Soll-Funktionen.

Analyse der Ist-Funktionen eines Produktes:
Basis der Ist-Funktionen-Analyse ist ein vorhandenes Produkt, sei es ein Produkt des eigenen Unternehmens oder ein Wettbewerbsprodukt. In Anlehnung an [6/5] wird folgende Vorgehensweise vorgeschlagen:

1. *Funktionen sammeln*
Dazu werden, am besten im Team, zuerst die Funktionen eines Produktes gesammelt und anschließend in der Form Substantiv + Verb beschrieben.

2. *Funktionen gliedern*
In diesem Schritt werden die einzelnen Funktionen genauer betrachtet. Es wird bestimmt, ob es sich bei einer Funktion um eine rationale oder eine emo-

tionale Funktion handelt. Außerdem gilt es, unerwünschte oder sogar unnötige Funktionen zu erkennen.

3.   *Funktionenstruktur erstellen*
In diesem Schritt werden die Funktionen in einer der oben beschriebenen, Strukturen dargestellt. So werden die Zusammenhänge und Abhängigkeiten zwischen den Funktionen verdeutlicht.

Beschreibung der Soll-Funktionen eines Produktes:
Die Funktionsbeschreibung des Soll-Zustands beschränkt sich in der Regel nur auf die wichtigen Funktionen der Ebene 1 und 2 des Funktionenbaums. Diese Funktionen ergeben sich vielfach aus den funktionalen Anforderungen an das Produkt. Eine feinere Aufgliederung der Funktionen ist für die anschließende Lösungssuche eher hinderlich, da sie das Suchfeld für neue Lösungen einschränkt. Sehr wichtig ist zudem der richtige Abstraktionsgrad der Funktionsbeschreibung. So wird ein möglichst breiter Suchraum eröffnet, ohne dass eine Vielzahl nicht relevanter Lösungen produziert wird.

Der Ablauf der Soll-Funktionen-Analyse erfolgt in den drei Hauptschritten wie bei der Ist-Funktionen-Analyse:

◆   Funktionen sammeln,

◆   Funktionen gliedern und

◆   Funktionenstruktur erstellen.

Wichtig ist folgende Anmerkung aus [6/5], die durch die praktische Arbeit mit Funktionen bestätigt wird: „All diese Diagramme ... sind Arbeitsergebnisse der jeweiligen Teams und von diesen als Arbeitsunterlage für die weitere Teamarbeit akzeptiert: Mehr nicht."

6.3   Aufteilung der Zielherstellkosten auf die Produktfunktionen - Zielkostenspaltung

Der im Rahmen der Produktdefinition festgelegte Ziel-Marktpreis für das Produkt ist in dieser Form für die Produktentwicklung zu abstrakt. Die Produktentwicklung benötigt als Vorgabe für ihre Arbeit die Zielkosten für die einzelnen Funktionen, Baugruppen bis hin zu den Bauteilen.

Wie aus *Bild 5.3-1* hervorgeht, setzt sich der Marktpreis aus verschiedenen Kostenarten zusammen. Die zulässigen Selbstkosten des Produktes lassen sich, basierend
auf der Zuschlagskalkulation, bestimmen:

Selbstkosten = Ziel-Marktpreis - Gewinn - Risiko.

Ausgehend von den Selbstkosten lassen sich bei bekannten Vertriebs- und Verwal-
tungsgemeinkosten sowie den Sondereinzelkosten der Entwicklung die Ziel-
Herstellkosten ermitteln. Problematisch ist die weitere Aufteilung der Herstellkosten.
Es gibt bisher keinen geschlossenen Ansatz, um aus den Ziel-Herstellkosten die
Funktionenkosten oder gar die Bauteilkosten zu berechnen. Dieses hängt auch damit
zusammen, dass die in Unternehmen angewendeten Verfahren der Kostenkalkulati-
on recht unterschiedlich sind.

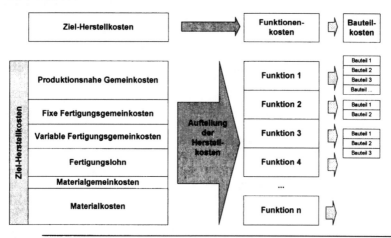

Bild 6.3-1:   *Aufteilung der Ziel-Herstellkosten auf die Funktionen*
und Bauteile eines Produktes

An den unterschiedlichen Kostenarten ist zu erkennen, dass die Realisierung der
Ziel-Herstellkosten für das Produkt nicht nur von der Produktentwicklung geleistet
werden kann, sondern nur in enger Zusammenarbeit mit den anderen Unternehmensbereichen wie Einkauf und Produktion.

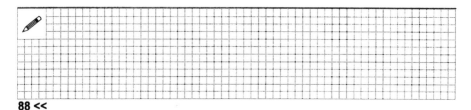

6.3.1   Ermittlung der Funktionenkosten

Als Hilfsmittel zur Aufteilung der zulässigen Ziel-Herstellkosten auf die einzelnen Funktionen soll eine Matrixdarstellung verwendet werden. In den Zeilen der Matrix stehen die Anforderungen an das Produkt, in den Spalten seine Funktionen. Die Anforderungen werden mit ihren zugehörigen Gewichtungsfaktoren eingetragen.

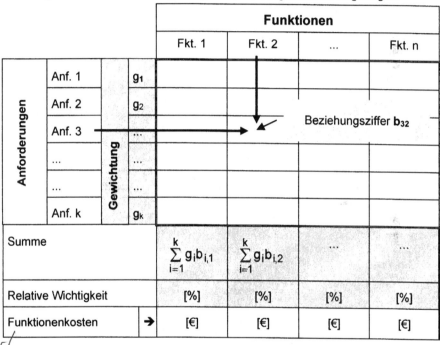

			Funktionen			
			Fkt. 1	Fkt. 2	...	Fkt. n
Anforderungen	Anf. 1	g_1				
	Anf. 2	g_2				
	Anf. 3	...		Beziehungsziffer b_{32}		
	...	...				
	...	...				
	Anf. k	g_k				
Summe			$\sum_{i=1}^{k} g_i b_{i,1}$	$\sum_{i=1}^{k} g_i b_{i,2}$	...	...
Relative Wichtigkeit			[%]	[%]	[%]	[%]
Funktionenkosten		→	[€]	[€]	[€]	[€]

(Die Spalte zwischen Anforderungen und Gewichtung ist mit "Gewichtung" beschriftet.)

Bild 6.3-2:   *Aufteilung der Ziel-Herstellkosten auf die Funktionen eines Produktes mittels Beziehungsmatrix*

Ziel -
Funktionenkosten

In die Felder der Matrix werden anschließend **Beziehungsziffern** eingetragen, die den Zusammenhang zwischen den Anforderungen und Funktionen angeben. Fol-

gende Ziffern werden zur Bewertung vorgeschlagen:

♦ keine Beziehung zwischen Funktion und Anforderung   0
♦ schwache Beziehung zwischen Funktion und Anforderung   3
♦ starke Beziehung zwischen Funktion und Anforderung   6
♦ sehr starke Beziehung zwischen Funktion und Anforderung   9

Die Beziehungsmatrix ist im Entwicklungsteam auszufüllen!
Über die relative Wichtigkeit der Funktionen können letztlich die Ziel-Herstellkosten des Produktes auf seine Funktionen aufgeteilt werden.

Mit Hilfe der Matrix ist es zudem möglich, die Funktionen des Produktes zu überprüfen. Wichtige Anforderungen benötigen unbedingt Funktionen, mit denen sie in einer sehr starken oder mindestens starken Beziehung stehen. Ist dieses nicht der Fall, sind die Funktionen zu ergänzen.

6.3.2   Zielkostenkontrolldiagramm

Um die Verteilung der Zielkosten auf die Produktfunktionen zu veranschaulichen, kann ein sogenanntes **Zielkostenkontrolldiagramm** [6/7] angewendet werden. In diesem wird der zulässige **Kostenanteil** der Funktionen über ihrer **Bedeutung / Gewichtung** eingetragen. Maß für die Erreichung der Zielkosten ist der **Zielkostenindex**.

$$\text{Zielkostenindex} = \frac{\text{Nutzenbeitrag der Komponente [\%]}}{\text{Kostenanteil der Komponente in [\%]}}$$

Der Zielkostenindex ermöglicht eine Aussage, inwieweit Nutzenbeitrag und Kostenanteil einer Funktion übereinstimmen.

Zielkostenindex = 1:   relativer Kostenanteil entspricht genau dem relativen Nutzenbeitrag

Zielkostenindex > 1:   Funktion gegenüber dem Nutzenanteil zu billig

Zielkostenindex < 1:   Funktion gegenüber dem Nutzenanteil zu teuer

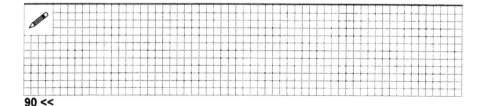

Idealerweise entspricht der Nutzenbeitrag genau dem Kostenanteil der Funktion, was dem Wert 1 des Zielkostenindexes entspricht. Dieses ist bei der praktischen Umsetzung im Rahmen der Produktentwicklung nur selten realisierbar. Deshalb wird im Zielkostendiagramm ein so genannter Entscheidungskorridor definiert.

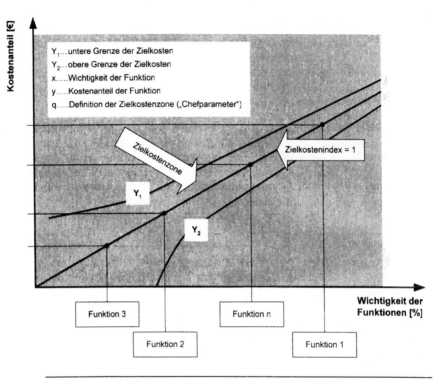

Bild 6.3-3:   *Prinzipieller Aufbau eines Zielkostenkontrolldiagramms in Anlehnung an [6/7]*

Der Entscheidungskorridor entspricht der Breite der Zielkostenzone. Definiert wird die Breite der Zielkostenzone über die beiden Grenzkurven Y_1 und Y_2, die mit Hilfe der beiden nachfolgenden Gleichungen berechnet werden.

$$Y_1: \quad y = (x^2 - q^2)^{\frac{1}{2}}$$

$$Y_2: \quad y = (x^2 + q^2)^{\frac{1}{2}}$$

Der Parameter q in den beiden Gleichungen legt die Breite der Zielkostenzone fest. Er ist zu Projektbeginn festzulegen und wird auch als „Chefparameter" bezeichnet, weil er bestimmt, wie groß die Abweichungen der realisierten Zielkosten von den idealen Zielkosten sein dürfen. Für Funktionen mit einem geringeren Kosten-Nutzen-Anteil können größere Abweichungen in Kauf genommen werden als bei Komponenten mit hohem Kosten-Nutzen-Anteil.

Mit Hilfe des Zielkostenkontrolldiagramms kann während der Produktentwicklung grafisch verdeutlicht werden, wie die Zielkosten der einzelnen Produktfunktionen erreicht werden und bei welchen Funktionen noch Maßnahmen zur Zielkostenerreichung notwendig sind. Das Diagramm erlaubt insbesondere auch bei der Weiterentwicklung eines Produktes die Ausgangssituation darzustellen und die im Verlaufe der Entwicklung erreichten Veränderungen zu dokumentieren.

6.4   Lösungssuche

Insbesondere die frühen Phasen der Produktentwicklung, das Klären der Aufgabenstellung und das Konzipieren und Abwägen grundsätzlicher Lösungsmöglichkeiten haben nach [6/8] großen Einfluss auf die Innovativität der Lösung und die Fertigungskosten. Die „lineare Weiterentwicklung" von Produkten im Sinne von noch mehr Leistung, noch kleinerem Bauraum, um nur zwei Beispiele zu nennen, führt aufgrund der Wettbewerbssituation und den schnell sich verändernden Bedürfnissen der Kunden meistens nicht mehr zum Erfolg. Neue Ansätze sind wichtig, weshalb auch die Lösungsfindung nachfolgend ausführlicher behandelt werden soll.

6.4.1   Zusammenhang zwischen Problemlösen und Wissen

Die Ideensuche im Rahmen der Produktentwicklung kann grundlegend als Problemlösungsaufgabe betrachtet werden. Dabei wird nach [6/9] unterschieden in Problemlösen **ohne Rückgriff** auf gespeichertes Wissen und Problemlösen **mit Rückgriff**

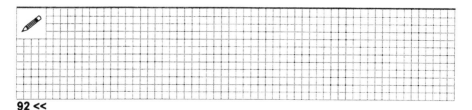

auf gespeichertes Wissen. Beim Problemlösen ohne Wissen werden heuristische Methoden wie beispielsweise Versuch-Irrtum-Verhalten, Mittel-Ziel-Analyse oder Modellbildung eingesetzt. Bei der Produktentwicklung ist dagegen sowohl Wissen wie auch die Anwendung heuristischer Methoden erforderlich. Vielfach können Teilaufgaben mit vorhandenem Wissen gelöst werden, andere Teilaufgaben wiederum lassen sich nur mit heuristischen Methoden lösen, da dass hierfür notwendige Wissen nicht vorhanden oder nicht abrufbar ist. Dabei dient vorhandenes Wissen dazu, über die Bildung von Analogien die neue Aufgabenstellung zu lösen.

Um also bei der Produktentwicklung Lösungen zu generieren, ist neben der Anwendung heuristischer Methoden ein möglichst breites Wissen notwendig.

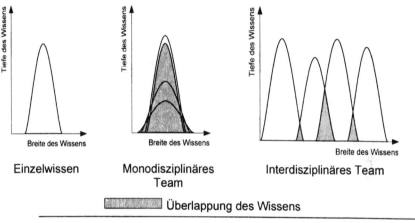

Einzelwissen   Monodisziplinäres   Interdisziplinäres Team
                            Team

▓▓▓▓ Überlappung des Wissens

Bild 6.4-1:   *Wissensbreite bei der Produktentwicklung durch interdiszi-*
                  plinäre Teams [in Anlehnung an [6/10]

Diese breite Wissensbasis wird geschaffen durch:

♦   **Teamarbeit** in der Produktentwicklung, wie schon weiter oben beschrieben. Durch das interdisziplinäre Team wird die Breite des Wissens deutlich erhöht, was insbesondere die Lösungssuche fördert.

♦   Ein möglichst **breites Wissen der einzelnen Mitarbeiter**, die an der Produktentwicklung beteiligt sind.

♦   Ein **systematisches Wissensmanagement** im Unternehmen, das entsprechend dokumentiertes Wissen für die Produktentwicklung zur Verfügung stellt.

Die Wissensvermehrung und -aktualisierung der beteiligten Mitarbeiter wie auch des dokumentierten Wissens ist dabei eine ständige Aufgabe im Unternehmen. Produktentwicklung erfordert in der Zukunft vermehrt ein systematisches Wissensmanagement. Die wichtigsten Bausteine eines solchen Wissensmanagements sind im *Bild 6.4-2* dargestellt.

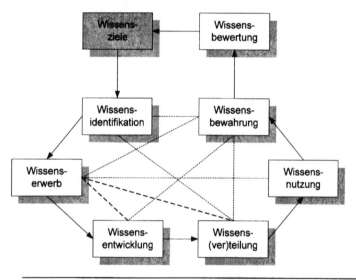

Bild 6.4-2:   *Bausteine des Wissensmanagements nach [6/11]*

Dabei gilt es für ein Unternehmen, interne und externe Wissensquellen zu erschließen, das Wissen zu dokumentieren und es in geeigneter Form den Mitarbeitern zur Verfügung zu stellen. Besonders wichtig sind dabei:

♦   Systematische Analyse von Produkten der Wettbewerber (Produktbenchmarking). Diese Betrachtung ist erlaubt allerdings nur eine Aussage über am Markt vorhandene Lösungen.

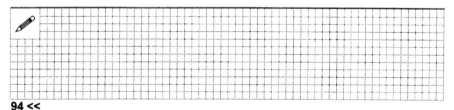

♦ Analyse des Marktgeschehens (insbesondere Kundenwünsche und Änderungen des Marktverhaltens).

♦ Sammlung von Informationen über die Wettbewerbsunternehmen als solche (Mitarbeiter, Umsatz, Wertschöpfung, Kern-Know-how, Entwicklungstendenzen, Stellenanzeigen, ...). Daraus lassen sich häufig frühzeitig Schlüsse über mittel- und langfristige Produkttrends ziehen.

♦ Analyse von Produkten anderer Branchen. Erfahrungen zeigen, dass in anderen Branchen vielfach bereits Lösungen vorhanden sind und Technologien eingesetzt werden, die in dieser Form in der eigenen Branche noch keine Anwendung finden. Hieraus lassen sich eine Vielzahl von Anregungen aufnehmen und auch Erfahrungen übernehmen, die bei den eigenen Produkten dann zu einem Innovationsschub führen.

Die Suche nach Lösungen bringt häufig auch Lösungen hervor, die im Rahmen der aktuellen Aufgabenstellung nicht verwendet werden können. Wichtig ist es, diese Lösungen, Lösungsideen, Anregungen etc. systematisch und anschaulich zu dokumentieren. Nicht umgesetzte Ideen eines Projektes können für ein anderes Projekt sehr gute Lösungsansätze darstellen. Eine solche Sammlung von Ideen ist ein wichtiger Baustein einer erfolgreicher Produktentwicklung. Deshalb sollten die an der Produktentwicklung beteiligten Personen die Möglichkeit haben, möglichst viele Ideen und Anregungen „sammeln" zu können. Sie sollten also die Möglichkeit haben, sich in Fachzeitschriften, auf Messen, durchaus auch branchenfremden Messen, an Hochschulen und Forschungseinrichtungen umzusehen.

6.4.2   Ideenfindung

„Auf eine gute Idee kommt man am besten, indem man viele Ideen hat."
Linus Pauling

Die Ideenfindung ist ein kreativer Prozess, mit dem Ziel, neue Ideen, Lösungen und Lösungsansätze zu generieren. Kreativität beruht darauf, Wissen neuartig miteinander zu verknüpfen, und ist eine entwickelbare Fähigkeit. Die Kreativität des Einzelnen wird dabei maßgeblich beeinflusst durch Umgebungsfaktoren in einer Arbeitsgruppe, Abteilung oder einem größeren sozialen Gebilde. Sie wird geformt durch die soziale Entwicklung des Menschen und seine Erfahrungen (Elternhaus, Schule, Beruf, ...).

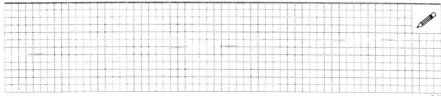

Häufig wirken hemmende Einflüsse der freien kreativen Entfaltung entgegen.

> **Brief von Friedrich Schiller an Theodor Körner vom 01.12.1788**
>
> *„...Der Grund Deiner Klagen liegt, wie mir scheint, in dem Zwang, den Dein Verstand Deiner Imagination auflegte. Ich muß hier einen Gedanken hinwerfen und ihn durch ein Gleichniß versinnlichen. Es scheint nicht gut und dem Schöpfungswerke der Seele nachteilig zu sein, wenn der Verstand die zuströmenden Ideen, gleichsam an den Thoren schon zu scharf mustert. Eine Idee kann, isoliert betrachtet, sehr unbeträchtlich und sehr abenteuerlich sein, aber vielleicht wird sie durch eine, die nach ihr kommt, wichtig; vielleicht kann sie in einer gewissen Verbindung mit diesen anderen angeschaut hat. Bei einem schöpferischen Kopfe hingegen, däucht mir, hat der Verstand seine Wache von den Thoren zurückgezogen, die Ideen stürzen pêle-mêle herein, und alsdann erst übersieht und mustert er den großen Haufen. – Ihr Herren Kritiker, und wie Ihr Euch sonst nennt, schämt oder fürchtet Euch vor dem augenblicklichen, vorübergehenden Wahnwitze, der sich bei allen eigenen Schöpfern findet, und dessen längere oder kürzere Dauer den denkenden Künstler von dem Träumer unterscheidet. Daher Eure Klagen über Unfruchtbarkeit, weil Ihr zu früh verwerft und zu strenge sondert....“*
>
> Quelle: http://www.wissen-im-netz.info/literatur/schiller/briefe/koerner/1788/134.htm (11.08.2006)

Die hemmenden Einflüsse wirken als Kreativitätsbremse und haben ihren Ursprung in langjährigen Gewöhnungen oder im emotionalen Bereich. Diese *„Gewöhnungsbremse"* ergibt sich aus der Überbewertung von Fachwissen und Erfahrung, Bequemlichkeit, Konformitätsdruck und Informationsselektion.

Phantasie und freie Entfaltung werden durch solche Gewohnheiten gebremst. Nur ein Ausbrechen aus gewohnten Strukturen im Denkansatz gibt den Weg frei für grundlegend neue Ideen. Diese sind aber Voraussetzung dafür, neue Kombinationen und Abwandlungen hervorzubringen, sie weiterzuentwickeln und zu akzeptieren.

Neben der „Gewöhnungsbremse" wirkt im Unterbewusstsein die *„Emotionale Bremse"*. Diese hat ihre Ursache in Autoritätsfurcht, Hemmungen, sich zu äußern, Erfolgszensuren und gesellschaftlichen Verhaltensnormen. Die „Emotionale Bremse"

wirkt als Filter im Unterbewusstsein. Sie behindert und zerstört nachhaltig das Entstehen des Ideenflusses. Dadurch wird eine als Kombination vieler Einzelelemente entstehende neue Idee bereits im Keim erstickt. „Emotionale Bremsen" hemmen nicht nur den Einzelnen, sie erzeugen ein gebremstes Kreativitätsklima.

Verbale Ausdrucksformen der „Emotionalen Bremse" und der „Gewöhnungsbremse" sind die Killerphrasen. Hier einige Beispiel beliebter Killerphrasen:

- „Das haben wir vor Jahren schon einmal versucht, und damals war es schon nicht realisierbar!"

- „Das ist viel zu teuer!"

- „Das haben wir schon immer so gemacht!"

- „Das haben die Wettbewerber auch versucht und die sind auch daran gescheitert!"

- „Wir dürfen den Pfad der gesicherten Erkenntnisse nicht verlassen!"

- „Die jetzige Lösung funktioniert doch gut, warum sollen wir daran etwas ändern?"

- „Wir sollten realistisch bleiben!"

- „Wenn die Lösung so gut ist, warum wird sie dann nicht schon von anderen angewendet?"

- „Das widerspricht den Vorschriften!"

Aus Neid oder Konkurrenzfurcht werden Ideenansätze emotional bewertet und nicht wie gewünscht positiv aufgegriffen und weiterentwickelt. Damit wird jeder kreative Prozess schon in einer frühen Phase gestört. Personen, die sich in dieser Form in die Ideensuche einbringen, sollten aus dem Team entfernt werden.

Um nun hemmende und bremsende Einflüsse zu umgehen, wurden **Kreativitätstechniken** entwickelt. Sie sollen helfen, eingefahrene Gleise zu verlassen und neue Ideen hervorzubringen, die zuinnovativen Produkten führen.

Die Kreativitätstechniken unterstützen sowohl das diskursive Denken wie auch das intuitive Denken. Diskursives Denken sucht dabei den Weg zur Lösung über ein sys-

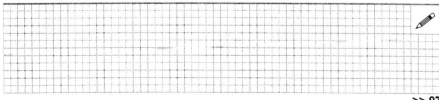

tematisches, analytisches Vorgehen; intuitives Denken eher über die plötzliche Eingebung, deren Zustandekommen nicht schrittweise nachvollziehbar ist. Entsprechend können auch die zum Einsatz kommenden Kreativitätstechniken unterschieden werden in Methoden, die eher die diskursive Lösungsfindung unterstützen und solche, die eher die intuitive Lösungsfindung unterstützen.

„Wenn nicht bald eine Weiche kommt, sind wir verloren!"

Bild 6.4-3:	Zur Entwicklung innovativer Produkte sind eingefahrene Gleise zu verlassen (Bild [6/12])

Die Kreativitätstechniken unterstützen sowohl das diskursive Denken wie auch das intuitive Denken. Diskursives Denken sucht dabei den Weg zur Lösung über ein systematisches, analytisches Vorgehen; intuitives Denken eher über die plötzliche Eingebung, deren Zustandekommen nicht schrittweise nachvollziehbar ist. Entsprechend können auch die zum Einsatz kommenden Kreativitätstechniken unterschieden werden in Methoden, die eher die diskursive Lösungsfindung unterstützen und solche, die eher die intuitive Lösungsfindung unterstützen.

Die meisten Methoden der Ideenfindung enthalten sowohl intuitive als auch diskursive Elemente. Im nachfolgenden *Bild 6.4-4* wurde versucht, die wichtigsten Kreativitätstechniken in Anlehnung an [6/13] in einem Portfolio zusammenzustellen. Dabei gibt es leichte Abweichungen zu der Darstellung in [6/13], die sich in den Erfahrun-

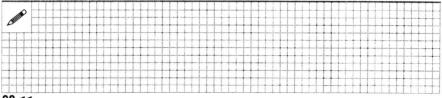

gen im Umgang mit den Methoden begründen. In diese Darstellung wurde TRIZ nicht mit aufgenommen, da TRIZ als solches aus einer Verknüpfung von verschiedenen Kreativitätstechniken besteht, die wiederum eher intuitives oder diskursives Denken fördern. Eine Beschreibung wesentlicher Elemente von TRIZ findet sich aber weiter unten.

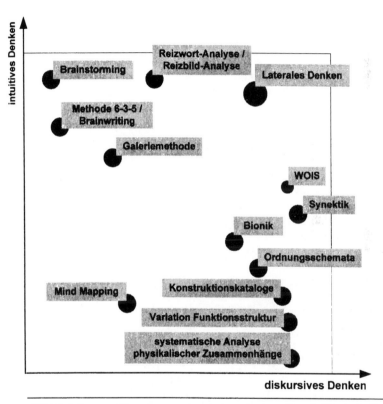

Bild 6.4-4:   Einordnung der bekanntesten Kreativitätstechniken in Anlehnung an [6/13]

Auf den folgenden Seiten werden einige der gebräuchlichsten Methoden aus dem Portfolio beschrieben. Für einen vollständigen Überblick sei hier jeweils auf die entsprechende Fachliteratur verwiesen.

6.4.3 Methoden zur Unterstützung der Ideenfindung

Brainstorming

Brainstorming ist die wohl bekannteste Kreativitätstechnik, was sicher auch an ihrer einfachen und flexiblen Anwendung liegt. Mit Hilfe von Brainstorming ist es möglich, innerhalb kurzer Zeit eine Vielzahl von Ideen zu produzieren, die anschließend weiterentwickelt werden können.

Voraussetzungen
♦ Gruppe mit sechs bis maximal zwölf Teilnehmern. Unter sechs Teilnehmern kommt meist die Ideenproduktion nicht richtig in Gang, bei mehr als zwölf Teilnehmern kann es für den Moderator schwer werden, die Ideen entsprechend zu protokollieren. Zudem besteht die Gefahr, dass sich nicht jeder Teilnehmer ausreichend beteiligen kann. Entscheidend für den Erfolg eines Brainstormings ist die Zusammensetzung der Gruppe. Insbesondere, wenn Mitarbeiter unterschiedlicher Hierarchiestufen in einer solchen Gruppe zusammentreffen, kann es zu Problemen kommen („Emotionale Bremse").

♦ Moderator und eventuell zusätzlich einen Protokollführer, insbesondere bei größeren Gruppen.

♦ Genügend Möglichkeiten zum Aufzeichnen (Flipchart, Tafeln, ...) der Ideen.

♦ Ein geeigneter Raum mit angenehmer Atmosphäre.

Ablauf eines Brainstormings
♦ Der Moderator führt in das Thema ein und erläutert die Aufgabenstellung. Dabei ist es wichtig, dass das Thema klar umrissen und eingegrenzt wird.

♦ Anschließend äußern die Teilnehmer Ideen zur Lösung der Aufgabenstellung. Dabei sind insbesondere auch „wilde" Ideen willkommen, die sehr häufig Ansatzpunkte für gänzlich neue Lösungen bieten.

♦ Dokumentation der Ideen durch den Moderator oder den Protokollführer so, dass die Aufzeichnungen für jeden Teilnehmer gut zu erkennen sind.

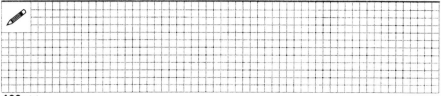

◆ Kritik an geäußerten Ideen ist im Verlaufe des Brainstormings grundsätzlich untersagt. Darauf zu achten ist Aufgabe des Moderators.

◆ Dauer einer Brainstorming-Sitzung: etwa 30 Minuten. Abhängig von der jeweiligen Ideenproduktion kann eine Sitzung auch früher beendet werden oder länger dauern.

◆ Bewertung der Ideen nach einer längeren Pause. Günstig ist es, die Bewertung am nächsten Tag durchzuführen. Die Bewertung sollte durch die Teilnehmer des Brainstormings durchgeführt werden.

Anmerkungen

◆ Zu Beginn der Brainstorming-Sitzung kann eine kleine „Aufwärmübung" helfen, den Ideenfluss in Gang zu setzen.

◆ Der Moderator muss darauf achten, dass das Brainstorming nicht zu einer gewöhnlichen Sitzung wird. Er muss darauf achten, dass Ideen während der Sitzung nicht kritisiert werden. Außerdem ist er für eine systematische Durchführung der Ideenbewertung zuständig.

Im Laufe der Zeit haben sich Varianten des Brainstormings gebildet [6/14], Stop-and-go-Brainstorming, Destruktiv-Konstruktiv-Brainstorming, Einzel-Brainstorming oder das Sandwich-Brainstorming. Zu diesen Varianten finden sich unter anderem in [6/14] weitere Informationen.

Brainwriting

Beim Brainwriting hält jeder Teilnehmer seine Einfälle schriftlich fest, am besten in Form von kleinen Skizzen. Beim Brainwriting lassen sich zwei Varianten unterscheiden, einmal die Methode 6-3-5 und die Methode des Collective-Notebooks.

Methode 6-3-5

Voraussetzungen

◆ Gruppe mit **sechs** Teilnehmern.

◆ Ein Moderator ist nicht erforderlich.

◆ Jeder Teilnehmer bekommt ein leeres Blatt und einen Stift.

◆ Ein geeigneter Raum mit angenehmer Atmosphäre.

Ablauf der Methode 6-3-5

♦ Den Teilnehmern wird die Aufgabenstellung erläutert. Dabei ist es, wie beim Brainstorming, wichtig, dass das Thema klar umrissen und eingegrenzt wird.

♦ Anschließend schreibt oder skizziert jeder Teilnehmer **drei** Lösungsideen auf sein Blatt. Dazu hat er **fünf** Minuten Zeit. Anschließend gibt er sein Blatt an seinen direkten Nachbarn zur Linken oder zur Rechten. Die Richtung zur Weitergabe wird zu Beginn der Sitzung festgelegt.

♦ Jeder Teilnehmer ergänzt jetzt die Ideen seiner Vorgänger oder fügt neue Ideen hinzu. Dazu hat er wiederum fünf Minuten Zeit.

♦ Ist jedes Blatt wieder bei dem Teilnehmer angelangt, von dem es ausgegangen ist, ist die Phase der Ideenfindung beendet.

Ein solcher Durchlauf dauert 30 Minuten und liefert theoretische 108 Lösungsideen. In der Praxis liegt die Anzahl der gefundenen neuen Ideen meist deutlich darunter. Die Bewertung der Lösungsideen erfolgt nach einer längeren Pause im Team.

Collective-Notebook

Collective-Notebook ist eine Variante der Methode 6-3-5, bei der die Mitarbeiter räumlich und zeitlich getrennt an der Lösungssuche arbeiten. Den Teilnehmern an der Ideensuche steht zudem mehr Zeit zur Verfügung, Lösungen zu erarbeiten. So ist eine intensivere Auseinandersetzung mit der Fragestellung möglich.

Voraussetzungen

Notwendig ist eine detaillierte Beschreibung der Aufgabenstellung. Die Beschreibung erfolgt schriftlich oder in Form von Skizzen und wird in Notizbüchern festgehalten.

Ablauf

♦ Die Teilnehmer bekommen jeweils ein Notizbuch mit der Aufgabenstellung.

♦ Jeder Teilnehmer erarbeitet dann Lösungsideen für die Aufgabenstellung.

♦ Anschließend werden die Notizbücher ausgetauscht. Aufbauend auf den Ideen der anderen Teilnehmer entwickelt jeder Teilnehmer dann weitere Ideen und hält diese wiederum im Notizbuch fest, bis jeder jedes Notizbuch hatte.

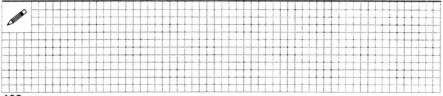

♦ Zu einem vorher festgelegten Zeitpunkt werden die Notizbücher eingesammelt und anschließend die Ideen bewertet.

Anmerkungen:

♦ Diese Methode benötigt mehr Zeit als die Methode 6-3-5 und das Brainstorming.

♦ Nur wenn die Notizbücher tatsächlich auch geführt werden, feste Termine für die Weitergabe und das Einsammeln der Notizbücher vereinbart und auch eingehalten werden, funktioniert diese Methode.

Galerie-Methode

Die Galerie-Methode verbindet die Elemente der Gruppenarbeit aus dem Brainstorming und der Einzelarbeit des Brainwriting. So soll der stimulierende Effekt der Gruppe mit der konzentrierten Einzelarbeit zusammengeführt werden.

Voraussetzungen

♦ Gruppe mit sechs bis acht Teilnehmern, je nach Problemstellung interdisziplinär zusammengesetzt plus einem Moderator

♦ Jeder Teilnehmer bekommt leere Blätter und einen Stift, um seine Ideen in Form von Skizzen festzuhalten.

♦ Ein geeigneter Raum mit angenehmer Atmosphäre.

Ablauf der Galerie-Methode

Einführungsphase: Vorstellung der Aufgabenstellung durch den Moderator.

Ideenbildung I: Intuitive und vorurteilsfreie Lösungssuche. Die Ideen werden mit Hilfe von Skizzen festgehalten.

Assoziationsphase: Die Ergebnisse der Ideenfindung werden in der Galerie ausgehängt, erfasst und diskutiert.

Ideenbildung II: Weiterentwicklung der aus der Assoziationsphase gewonnenen Einfälle und Erkenntnisse.

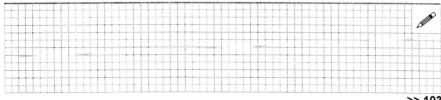

Selektionsphase: Sichten, ordnen und ggf. vervollständigen. Lösungen aus-
wählen.

Bei der Galerie-Methode sollen die Ideen mit Hilfe von kleinen Skizzen vermittelt
werden, aus denen für die anderen Teilnehmer die Idee erkennbar sein muss. Ein
Vorteil dieser Vorgehensweise besteht darin, dass die Lösungen so direkt gut dokumentiert sind und die individuelle Leistung erkennbar bleibt.

Die Methode eignet sich nur für Teammitglieder, die in der Lage sind, ihre Ideen in
Form von Skizzen und Ideen darzustellen. Diese Anforderung schränkt häufig die
Auswahl der Teammitglieder ein.

Synektik

Synektik ist ein aus dem Griechischen abgeleitetes Kunstwort, welches *Zusammen-
fügen verschiedener, scheinbar voneinander unabhängiger Begriffe* bedeutet.

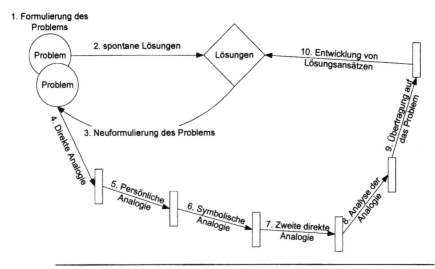

Bild 6.4-5:   *Ablauf der Ideensuche mit Hilfe der Synektik*

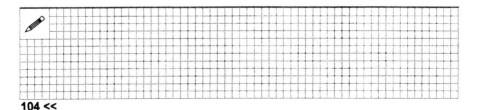

Es handelt sich bei der Synektik um eine anspruchsvolle Methode zur Ideenfindung. Dabei entfernt man sich bewusst über mehrere Verfremdungsschritte immer stärker von der eigentlichen Problemstellung.

So werden Ideen generiert, die dann zur Lösung der eigentlichen Problemstellung übertragen werden.

Voraussetzungen

♦ Gruppe mit vier bis acht Teilnehmern.

♦ Es ist unbedingt ein erfahrener Moderator erforderlich!

♦ Über die Sitzung ist unbedingt ein Protokoll zu verfassen.

♦ Ein geeigneter Raum mit angenehmer Atmosphäre.

Stufen im synektischen Prozess und Erläuterung an einem Beispiel (grau unterlegt) nach [6/15]

1. Problemanalyse und -definition

Das Problem (die Fragestellung) wird erläutert und klar definiert:

♦ „Wir versuchen ... zu entwickeln."

♦ „Erforderlich ist ..."

♦ „Es gibt Schwierigkeiten bei ..."

♦ „Gesucht ist eine Idee für eine Kampagne..."

Eine Deckplatte aus Glas soll möglichst einfach auf einem flachen Bildträger befestigt werden.

2. Spontane Lösungen

Die TeilnehmerInnen äußern die ihnen unmittelbar bewusst werdenden Lösungen, um für den folgenden synektischen Prozess frei von Denkblockaden und Denkmustern zu sein:

♦ „Nahe liegend ist ..."

♦ „Spontan erinnert mich das an ..."

Klammern; transparente Klebefolie; Saugnäpfchen am Bildträger; ...

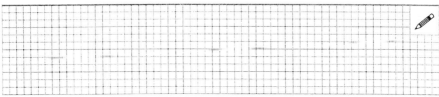

3. Neuformulierung des Problems

Die Gruppe formuliert gemeinsam das Problem neu, damit Auffassungsunterschiede vermieden werden und um besonders interessante Elemente hervorzuheben.

Deckplatte aus Glas soll möglichst einfach befestigt und wieder abgenommen werden können.

4. Bildung direkter Analogien (z.B. aus der Natur)

Ein Analogiebereich, der allen bekannt ist, wird gewählt und in diesem ein Fall gesucht, mit dem das eben neu formulierte Problem Ähnlichkeiten besitzt:

♦ „Wo kommt es (in unserem Analogiebereich) vor, das ...?"
♦ „Wie funktioniert (in unserem Analogiebereich) ... ?"
♦ „Wann tritt (im Analogiebereich) ... auf ?"

aus der Natur:
Schneedecke schmilzt; Schlange streift Haut ab; Wolken ziehen vorbei; Erosion; Geweih wird abgestoßen; ...

ausgewählt:

Schlange streift Haut ab Deckplatte aus Glas soll möglichst einfach befestigt und wieder abgenommen werden können.

5. Persönliche Analogien, „Identifikationen"

Die TeilnehmerInnen der Gruppe müssen sich mit dem Objekt der direkten Analogien identifizieren:

♦ „Wie fühle ich mich als ...?"
♦ „Wie geht es mir als ...?"

„Es juckt mich am ganzen Körper"; „Die alte Haut engt mich ein" „Bin neugierig, wie ich jetzt aussehe ; „endlich frische Luft"; „am liebsten hätte ich Hände"; ...

ausgewählt:

„Die alte Haut engt mich ein"

6. Symbolische Analogien, „Kontradiktionen"

Der Inhalt der persönlichen Analogie soll in einem paradoxen, spannungsgeladenen Ausdruck aus Substantiv und Adjektiv gefasst werden, um Schlüsselwörter zu bilden:

Paradoxa sind z.B.: „bittere Süße"; „befriedigtes Verlangen"; „geordnetes Chaos"

„Bedrückende Hülle; schimmernder Panzer; würgendes Ich; lückenlose Fessel; unterdrückende Identität; ...

ausgewählt:

„Lückenlose Fessel „Es juckt mich am ganzen Körper"; „Die alte Haut engt mich ein" ;„Bin neugierig, wie ich jetzt aussehe ; „endlich frische Luft"; „am liebsten hätte ich Hände"; ...

7. Direkte Analogien (z.B. aus der Technik)

Nun beziehen die TeilnehmerInnen den Ausdruck der symbolischen Analogie wieder auf den Bereich der Technik.

„Was aus dem Bereich der Technik wird durch diesen paradoxen Begriff charakterisiert?"

„Was wird durch dieses Schlüsselwort beschrieben?"

Leitplanken der Autobahn, Druckbehälter, Schienenstrang, Stierkampfarena, Radar-Warnsystem

8. Analyse der direkten Analogien

Die gefundene Analogie aus dem technischen Bereich wird nun analysiert, die beteiligten Mechanismen und Vorgänge freigelegt.

„Welche Elemente, Merkmale, Umstände, Vorgänge, Erscheinungen sind mit verbunden ...?"

„Welche Funktion übernimmt ...?"

„Was ist die Hauptvorgehensweise bei ...?"

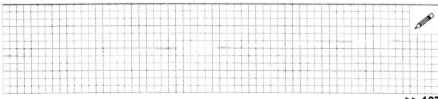

Analyse: „Leitplanke"

a) *Blechprofil*

b) *auf beiden Seiten der Autobahn*

Analyse: „Druckbehälter"

a) *steht unter Spannung*

b) *geschlossenes Volumen*

c) *Ein- und Auslass*

9. Übertragung auf das Problem – „Force Fit"

Die gefundenen Analysen werden mit dem Problem verglichen und auf Lösungsansätze hin untersucht:

„Was haben die gefundenen Analysebegriffe mit dem Ausgangsproblem zu tun?"

„Wie könnten sie übertragen werden?"

„Dieser Mechanismus könnte zu ... angewendet werden."

„Diese Vorgehensweise könnte Grundlage für den   Slogan ... sein."

Übertragung und Lösungsansatz „Leitplanke"

a) *Bildträger und Glasplatte werden in einem Profilrahmen verklemmt*

b) *Halterungen werden nur an zwei Seiten angebracht*

10. Entwicklung von Lösungsansätzen

Die zu übertragenden Begriffe werden auf das Ausgangsproblem überführt, erste direkte Lösungsansätze werden entwickelt.

Übertragung und Lösungsansatz „Druckbehälter"

a) *Bildträger hat Greifkanten und ist leicht vorgekrümmt; erzeugt selbst die Haltespannung, wenn er an das Deckglas angepresst wird.*

b) *Löcher an den Ecken von Träger und Glasplatte werden mit einer Art Druckknopf verbunden.*

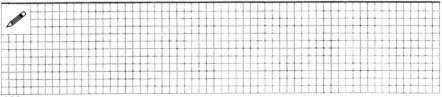

Aufgrund der psychologischen Komplexität, die besonders in der Phase der Identifikation zutage tritt, wird deutlich, dass hier ein gut geschulter Moderator unabdingbar gebraucht wird. Bei Gruppen, die mit der Synektik keine Erfahrung haben, gibt es bei den Arbeitsschritten 5 und 6 häufig Probleme. Die Identifikation mit einem materiellen oder ideellen Objekt („Wie fühle ich mich als...?") bereitet Teammitgliedern sehr häufig Schwierigkeiten. Für die einen ist es eine wichtige persönliche Auseinandersetzung mit dem Problem, die entscheidend vorantreiben kann, für die anderen stellt aber genau dies ein Problem dar. Dieses kann soweit gehen, das Teammitglieder diese Methode im Ganzen ablehnen.

Der Zeitaufwand für eine Synektiksitzung liegt etwa bei einem halben bis zu einem ganzen Tag und nimmt damit also deutlich mehr Zeit in Anspruch als die oben beschriebenen Kreativitätstechniken. Die Zahl der gefundenen Ideen ist eher gering, allerdings besitzen die Ideen meist eine hohe Qualität.

Reizwort-Analyse

Die Reizwort-Analyse zählt zu den so genannten „Random-Input"-Methoden. Bei diesen wird bewusst ein fremdes Element in die Lösungssuche mit einbezogen. Bei der Reizwort-Analyse wird das Team mit einem oder mehreren zufälligen Begriffen konfrontiert, die dann in Verbindung mit der Problemstellung gebracht werden müssen. Die Auswahl des Begriffs erfolgt nach dem Zufallsprinzip, beispielsweise aus einem Wörterbuch. Auch für die Anwendung durch Einzelpersonen eignet sich diese Methode.

Durch diese Methode wird das Denken aus der eingefahrenen Bahn förmlich herausgeschleudert, was allerdings auch häufig zu Spannungen im Team führen kann.

Ablauf einer Reizwort-Analyse

Reizwort finden:	Aufschlagen eines Wörterbuchs und ohne hinzusehen auf ein beliebiges Wort tippen. Dieses gefundene Wort ist das Reizwort für die weiteren Schritte. Die Reizwortsuche muss rein zufällig sein!
Reizwort analysieren:	Nun wird das Reizwort analysiert. Fragen in diesem Zusammenhang können sein:

♦   Wozu kann man es gebrauchen?

♦   Was sind seine Merkmale?

♦   Welche Eigenschaften besitzt es?

♦   Woraus besteht es?

♦   Was sagt es aus?

♦   Was bedeutet es?

♦   ...

Die Antworten müssen mitgeschrieben werden, wobei es notwendig ist, mindestens fünf unterschiedliche Antworten aufzuführen.

Schaffung der Verbindung zum eigentlichen Problem: Hier erfolgt jetzt die Inspiration zur Lösung des eigentlichen Problems. Wie lassen sich die gefundenen Aussagen zum Reizwort auf das zu lösende Problem übertragen? Wie muss die Lösung aussehen, damit die gefundenen Merkmale und Eigenschaften des Reizwortes zur Lösung passen?

Die Reizwort-Analyse führt meist zu originellen Lösungen. Allerdings kann ihre Anwendung im Team erfahrungsgemäß zu Spannungen führen.

Neben der Einbeziehung eines „Reizwortes" können auch andere Elemente mit einbezogen werden, beispielsweise Bilder.

Variation der Funktionenstruktur

Die Variation der Funktionenstruktur nutzt die weiter oben dargestellte Verknüpfte Funktionenstruktur. Durch deren Veränderung lassen sich neue Lösungsideen für Funktionen eines Produktes finden. Variationsmöglichkeiten sind beispielsweise:

♦   Änderung der Reihenfolge von Funktionen,

♦   Parallelisierung von seriell angeordneten Funktionen oder serielle Anordnung paralleler Funktionen,

♦   Veränderung der Verknüpfungen der Funktionen,

◆   Weglassen und hinzufügen von Funktionen,

◆   Zusammenfassen und aufteilen von Funktionen.

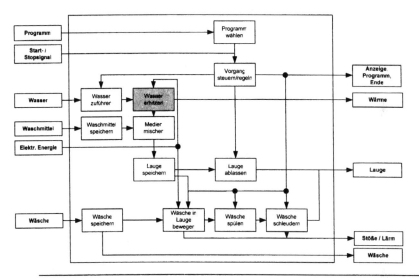

Bild 6.4-6:   *Neuer Lösungsansatz für die Waschmaschine aus Bild 6.2-8 durch sie Variation der Funktionenstruktur*

Gegenüber der Ausgangsfunktionenstruktur im *Bild 6.2-8* wurde in der Verknüpften Funktionenstruktur die Funktion Lauge erhitzen durch die Funktion Wasser erhitzen ersetzt und diese Funktion an eine andere Stelle in der Funktionenstruktur gesetzt. Es ergibt sich so eine Waschmaschine, bei der das Wasser bei der Zuführung bereits erhitzt wird und nicht mehr über Heizstäbe im Waschbottich. Durch weitere Variationen der Funktionenstruktur lassen sich weitere neue Lösungsansätze generieren, so beispielsweise durch Weglassen aller mit dem Waschmittel in Verbindung stehenden Funktionen – Waschen ohne Waschmittel.

Die Methode der Variation der Funktionenstruktur eignet sich besonders dann, wenn ein bestehendes Produkt weiterentwickelt werden soll.

Bionik

Die Natur hat im Laufe der Entwicklung eine unüberschaubare Vielzahl an Lebewesen hervorgebracht. Im Laufe der Evolution hat sie dabei immer wieder neue „Lösungen" hervorgebracht, optimiert aber auch wieder verworfen und so die Lebewesen optimal an die jeweiligen Bedingungen angepasst. Für die Produktentwicklung bietet sich an, sich dieser optimierten Lösungen der Natur zur Lösung technischer Problemstellungen zu bedienen. Die Wissenschaftsdisziplin, die sich mit den Möglichkeiten zur Übernahme von Lösungen der Natur für technische Objekte befasst ist die Bionik, die nach [6/16] wie folgt definiert:

> „Bionik als Wissenschaftsdisziplin befasst sich systematisch mit der technischen Umsetzung und Anwendung von Konstruktionen, Verfahren und Entwicklungsprinzipien biologischer Systeme."

Ein bekanntes Beispiel, das im Zusammenhang mit der Bionik immer wieder erwähnt wird, ist der Lotusblüteneffekt [6/17]. Die Verschmutzung ihrer Oberfläche stellt für Pflanzen ein Problem dar. Untersuchungen haben gezeigt, dass es Pflanzen gibt, deren Oberfläche kaum verschmutzt, und dass dieser Effekt mit der Oberflächenstruktur zusammenhängt. Besonders ausgeprägt ist dieser Effekt bei der Lotusblume. Durch die Übertragung dieser Eigenschaft auf technische Oberflächen lassen sich nun Oberflächen realisieren, die sich durch die Benetzung mit Wasser selbst reinigen. Die Firma ispo stellt beispielsweise Anstrichfarben her, die diesen Effekt nutzen (Lotusan®).

Ein weiteres Beispiel für die Nutzung der Natur als Vorbild ist die **Haifischhaut**. Bei Körpern, die sich schnell durch Wasser oder Luft bewegen, treten Verwirbelungen auf, die zu einem erhöhten Energieverbrauch führen. Bei Untersuchungen von Haien hat man festgestellt, dass diese in Strömungsrichtung verlaufende Rillen auf der Haut haben. Diese Haifischhaut hat man in Form einer Folie in der Abteilung Turbulenzforschung des Deutschen Zentrums für Luft- und Raumfahrt (DLR) an der TU Berlin nachgebildet und versuchsweise die Oberfläche eines Verkehrsflugzeugs damit beklebt, wodurch sich eine merkliche Senkung des Energieverbrauchs ergab.

Die Natur hat nun eine Vielzahl von Lösungen für unterschiedliche Bereiche. Entsprechend lässt sich die Bionik auch in verschiedene Bereiche klassifizieren:

◆ **Werkstoff- und Materialbionik**, die sich mit Materialien der Natur und ihrer technischen Anwendbarkeit befasst, so beispielsweise Spinnweben. Ziel ist es, neuartige Werkstoffe aus dem Vorbild der Natur abzuleiten. Speziell die *Mehrkomponentenbauweise* biologischer Materialien und Stoffe, in denen zug- und druckfeste Elemente trajektorisch angeordnet sind, finden in der Technik zunehmend Anwendung.

Bild 6.4-7:   *Modell der Haifischhaut der Abteilung Turbulenzforschung des Deutschen Zentrums für Luft- und Raumfahrt (DLR) an der TU Berlin*

◆ **Konstruktions- und Strukturbionik,** die besonders Lösungen für den möglichen Leichtbau von Strukturen untersucht, da die Natur bei einer Vielzahl von Lebewesen hier hervorragende Lösungen bereithält.

◆ **Bionische Prothetik:** Die Entwicklung immer besserer Prothesen, aber auch neuartiger Prothesen für behinderte Menschen wird zukünftig ein wichtiger Teil der Medizintechnik sein. Dabei werden sich die Prothesen nicht auf den mechanischen Gliedersatz beschränken, sondern beispielsweise auch als Seh- und Hörprothesen direkt in die Sensorik eingreifen.

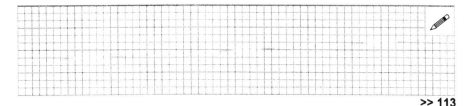

♦   **Sensorbionik:** Die Überwachung von physikalischen und chemischen Reizen, Ortung und Orientierung in der Umwelt gehören zu Funktionen, die es in vielen modernen technischen Produkten zu lösen gilt. Auch hier bietet die Natur eine große Zahl von Lösungen an, so das bekannte Prinzip der Ultraschallortung bei Fledermäusen, das heute bereits vielfach in technischen Produkten angewendet wird.

♦   **Gerätebionik:** Hierbei handelt es sich um die Entwicklung einsetzbarer Gesamtkonstruktionen nach Vorbildern aus der Natur. Besonders im Bereich der Pumpen- und Fördertechnik, der Hydraulik und Pneumatik finden sich vielfältige Anregungsmöglichkeiten.

Neben den genannten Klassen der Bionik gibt es noch weitere die hier nur genannt werden sollen: Verfahrensbionik, Organisationsbionik sowie die Klima- und Energiebionik.

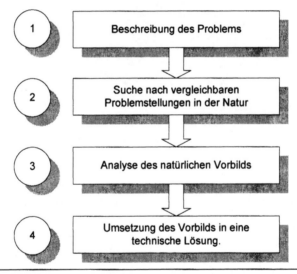

Bild 6.4-8:   *Wichtige Arbeitsschritte bei der Lösungssuche in der Natur*

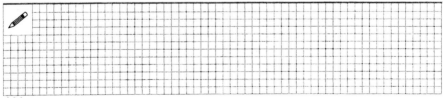

Die Natur als Quelle für Lösungen bietet eine Vielzahl an Lösungen für unterschiedliche Bereiche. Wie kann nun die Natur als Ideengeber genutzt werden? Die prinzipielle Vorgehensweise zeigt *Bild 6.4-8*. Insbesondere die Arbeitsschritte zwei und drei verlangen viel Erfahrung und benötigen Zeit. Zudem ist es oft nicht ganz einfach, die Lösungen der Natur in technische Lösungen umzusetzen. Oft ist es schwierig, ähnliche Materialen zu finden, die den Anforderungen entsprechen und dabei zu einem vernünftigen Preis bezogen werden können. Hier muss dann in der Praxis häufig ein Kompromiss zwischen Preis und Funktionalität eingegangen werden. Weiter erweist sich die Vorgabe der Natur oft als so pfiffig, dass Ingenieure dieses nur mit viel Aufwand konstruieren können, so das auch die Kosten für eine Serienproduktion meist entsprechend hoch sind.

Sehr hilfreich für den Entwickler in der Praxis sind dabei Bücher, die bereits eine Anzahl von natürlichen Prinzipien enthalten und in denen diese auch bereits analysiert sind, so beispielsweise [6/18].

Ordnungsschemata

Unter einem Ordnungsschema versteht man allgemein eine Matrix, in welche Ideen zur Lösung einer Aufgabenstellung eingetragen werden können. Dabei können bei einem solchen Ordnungsschema entweder nur die Zeilen oder Spalten oder aber Zeilen und Spalten mit Ordnungskriterien versehen werden.

Das bekannteste in der Produktentwicklung eingesetzte Ordnungsschema ist die **Morphologische Matrix,** häufig auch als Morphologischer Kasten bezeichnet. Der Begriff „Morphologie" kommt aus dem Griechischen und bedeutet soviel wie „Lehre von den Gebilden, Formen, Gestalten, Strukturen und deren zugrunde liegenden Aufbau- bzw. Ordnungsprinzipien." Bei der Morphologischen Matrix handelt es sich um ein Ordnungsschema, bei dem nur Zeilen oder Spalten mit einem Ordnungsmerkmale gekennzeichnet sind.

Ausgangspunkt für die Anwendung des Morphologischen Kastens ist die Zerlegung eines komplexen Sachverhalts in abgegrenzte Teile. Bei der beschriebenen funktionsorientierten Vorgehensweise in der Produktentwicklung verwendet man die Funktionen des Produktes als Ordnungsmerkmale. Im nachfolgenden Beispiel enthalten die Spalten die Funktionen als Ordnungsmerkmale.

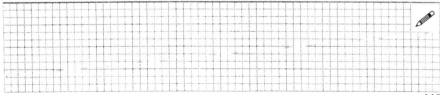

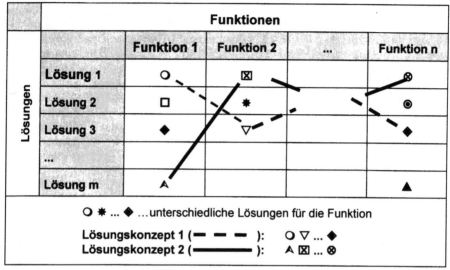

Bild 6.4-9:   *Prinzipieller Aufbau eine Morphologischen Matrix*

In die Felder der Matrix werden prinzipielle Lösungen für die einzelnen Funktionen eingetragen, die sich aus:

♦ Ergebnissen kreativer Arbeit,

♦ Wettbewerbsanalysen,

♦ Patentanalysen,

♦ Konstruktionskatalogen,

ergeben können.

Ein **Lösungskonzept** für das Produkt ergibt sich nun aus der Kombination unterschiedlicher Lösungen für die einzelnen Funktionen. Aufgrund der Kombinationsmöglichkeiten lassen mit einer Morphologischen Matrix eine Vielzahl unterschiedlicher Gesamtlösungen generieren, wobei nicht alle Kombinationsmöglichkeiten auch zu sinnvollen Konzepten führen müssen.

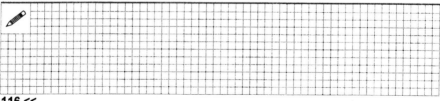

Widerspruchsorientierte Innovationsstrategie (WOIS)

Diese von Prof. Linde (WOIS-Institut Coburg) entwickelte Methode basiert darauf, dass bewusst eine „Notsituation" erzeugt wird, bei der sich im ersten Ansatz keine Lösung zeigt. Man nutzt die alte Weisheit:

Not macht erfinderisch.

Eine Notsituation ist dabei ein Konflikt, der bei der Verbesserung einer Eigenschaft eines Produktes zur Verschlechterung einer anderen Eigenschaft des Produktes führt, wobei beide Eigenschaften etwa gleich wichtig für das Produkt sein sollten. Erst wenn dieser Entwicklungswiderspruch klar formuliert ist, was in einem mehrstufigen Prozess erfolgt, wird das „Problem zur Lösung freigegeben".

Kernelemente von WOIS:

♦ Künstliche Erzeugung von Not durch bewusstes Hochschrauben der Zielsetzung, bis widersprüchliche Anforderungen an einzelne Effektivitätsfaktoren entstehen.

♦ Freigabe zur Lösungssuche erst dann, wenn dieses Aufgabenniveau erreicht ist.

Wie wird nun der Widerspruch aufgelöst und wie werden gezielt geeignete Lösungen gefunden? Dazu nutzt WOIS Lösungsfindungsverfahren, wie sie die TRIZ Methodik, die im nachfolgenden Kapitel ausführlicher beschrieben wird, verwendet werden:

♦ **Evolutionsgesetze**, welche, ähnlich wie bei der Evolution in der Natur, die Technikevolution beschreiben.

♦ **Verfahrensprinzipien** wie beispielsweise das Prinzip der Segmentierung und Zerlegung, welches ein Objekt in unabhängige Teile zerlegt. Insgesamt gibt es zur Zeit 40 solcher Prinzipien, die im Zusammenhang mit TRIZ in der Tabelle 6.4-3 dargestellt sind.

♦ **Standards und Regeln**, die auf der Anwendung der Stoff / Feld-Theorie von TRIZ beruhen.

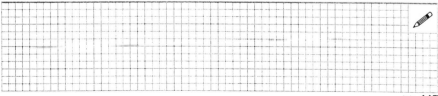

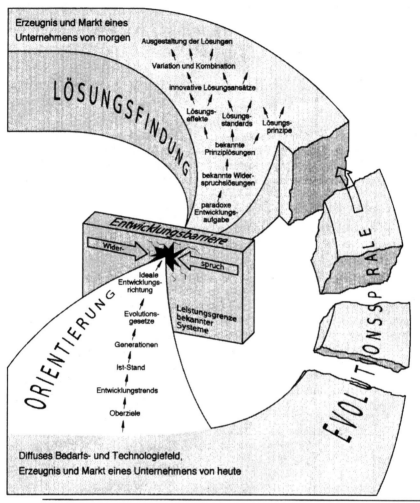

Bild 6.4-10:   WOIS-Strategiemodell [6/19]

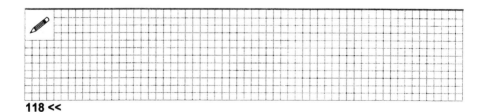

Nachfolgend soll die Formulierung des Konfliktes anhand der Entwicklung eines **Betriebsbremssystems für einen Pkw** [6/19] beschrieben werden.

Arbeitsschritt	Ziel: Erhöhung der Fahrsicherheit
Relevante Megatrends erfassen ↓	♦ Wie entwickeln sich die Umgebungsbedingungen? ♦ Kunde erwartet höheren Komfort ♦ Lebenserwartung an das Fahrzeug steigt ♦ Werterhaltung des Fahrzeugs ♦ Reduzierung der Belastung des Fahrers
Analyse des Ist-Zustands ↓	♦ Stand der Technik mit den Schwachstellen der vorhandenen Systeme ♦ Literaturrecherche ♦ Patentrecherche
Generationenbetrachtung ↓	♦ Entwicklung früherer Systeme betrachten ♦ Analoge Funktionsweisen in der Natur zur Ideenfindung heranziehen
Untersuchung von Evolutionsgesetzen in der Natur ↓	Gesetzmäßigkeiten der Technikevolution mit ihren wesentlichen Elementen: Entstehung, Optimierung, Dynamisierung und Obersystembildung
Entwicklungsbarrieren ↓	Aufstellung der Matrix der Entwicklungswidersprüche. In den Zeilen stehen die Zielgrößen, in den Spalten die Führungsgrößen
Innovative Lösungsfindung	Lösungsfindung durch die Definition des Entwicklungskonfliktes : z.B.: *„Entwicklung einer Bremse mit raumbedarfssenkender Temperaturverringerung"*

Tabelle 6.4-1   Arbeitsschritte der Widerspruchsorientierten Innovationsstrategie (WOIS)

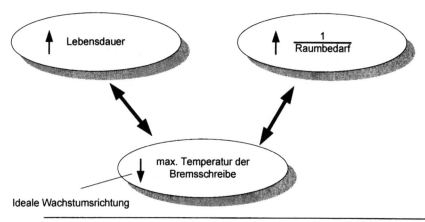

Ideale Wachstumsrichtung

| Bild 6.4-11: | Konstruktiv-paradoxe Forderung am Beispiel der Betriebsbremse eines Pkws [6/19] |

Dieser, für das Beispiel im *Bild 6.4-11* formulierte Widerspruch muss jetzt aufgelöst werden.

6.4.4   TRIZ

TRIZ, auch unter der Abkürzung TRIS bekannt, steht übersetzt für *„Theorie zur Lösung der Erfindungsaufgaben."* Diese geht auf *G. S. Altschuller [*1926; ✝1998]* zurück, der eine Antwort auf die Frage suchte, ob der Weg zu einer Erfindung nicht bestimmten Gesetzmäßigkeiten oder Regeln folgt. Dazu wurden von ihm und seinen Mitarbeitern Patente analysiert und Gesetzmäßigkeiten gefunden. Vier Grundregeln wurden bei der Analyse von über 2,5 Millionen Patenten gefunden [6/20]:

♦ Die präzise Beschreibung des Problems alleine führt häufig schon zu kreativen Problemlösungen.

♦ Viele Probleme wurden schon in anderen Branchen unter anderem Namen, aber durchaus inhaltlich vergleichbar gelöst.

♦ Die Weiterentwicklung technischer Systeme folgt bestimmten Grundregeln.

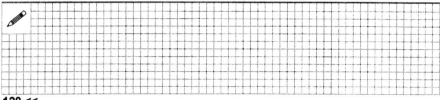

◆　Der Widerspruch ist das zentrale, immer wieder Innovationen provozierende Element Tausender von Patentschriften.

Aufbauend auf diesen Erkenntnissen wurde ein *Algorithmus zur Lösung von Erfindungsaufgaben* (ARIS) entwickelt, der die Lösung einer Erfindungsaufgabe in eine Folge einzelner Schritte unterteilt. Diese sind nacheinander abzuarbeiten, unter Einhaltung vorgegebener Regeln. Bekannt wurde diese Methodik dann unter den Namen TRIZ oder TRIS.

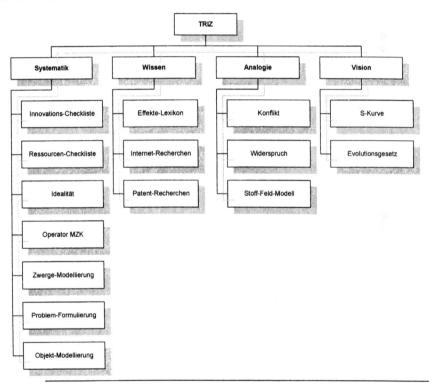

Bild 6.4-12:　*Die vier Säulen der TRIZ-Methodik und zugehörige Methoden nach [6/20]*

TRIZ fasst eine Anzahl unterschiedlicher Methoden zur Ideenfindung zusammen, wobei sich diese, wie im *Bild 6.4-12* dargestellt, auf vier Säulen abstützen:

♦ Systematische Vorgehensweise bei der Lösung von Problemen (**Systematik**).

♦ Breites Wissen und vielfältige eigene Erfahrungen (**Wissen**).

♦ Offenheit, über den eigenen Tellerrand zu schauen, ob für die Aufgabenstellung nicht schon eine Lösung in anderen Branchen vorhanden ist (**Analogien**).

♦ Weitblick sich vorzustellen, wie das eigene Produkt in der Zukunft aussehen kann oder wie die Aufgabenstellung vielleicht in der Zukunft gelöst werden kann (**Visionen**).

Jeder dieser vier Säulen sind eine Anzahl von Methoden zugeordnet. Diese können einzeln oder in Kombination zur Ideenfindung eingesetzt werden. Die vier Säulen von TRIZ passen zu der in den vorhergehenden Kapiteln beschriebenen Vorgehensweise, die ebenfalls als wichtige Elemente die systematische Vorgehensweise, Wissen zur Lösungssuche und den Blick über die eigene Branche hinaus verlangt.

Auf den nächsten Seiten sollen einige der Methoden von TRIZ erläutert werden.

Innovations-Checkliste

Eine klare Formulierung der Aufgabenstellung ist immer schon ein großer Schritt in Richtung auf die Lösung. Die Innovations-Checklist soll helfen, das zu lösende Problem präzise zu beschreiben. Sie umfasst die folgenden wichtigen Punkte:

♦ Informationen über das zu verbessernde System und dessen Umfeld,

♦ derzeitige Systemstruktur,

♦ Arbeitsweise des Systems,

♦ verfügbare Ressourcen,

♦ Detailinformationen zum Problem,

♦ Grenzen der Systemänderung,

♦ analoge Lösungsansätze,

♦ Auswahlkriterien für die Lösungskonzepte.

Die Innovations-Checkliste kann auch im Rahmen der Anwendung anderer Kreativitätstechniken zum Einsatz kommen, da bei allen Verfahren grundsätzlich gilt, dass zu Beginn das zu lösende Problem klar und detailliert zu beschreiben ist.

Ressourcen-Checkliste

Heute werden im Rahmen der Produktentwicklung Probleme meist gelöst, in dem zusätzliche Baugruppen oder Bauteile integriert werden. Das aber widerspricht dem Idealitätsprinzip (wird nachfolgend beschrieben), welches mit möglichst wenigen Teilen auskommen will. Dieses Prinzip führt auf neue Lösungen, in dem es verlangt, mit den Ressourcen, die vorhanden sind auszukommen, d.h. keine zusätzlichen Bauteile zu integrieren. Ein Beispiel für eine so gefundene Lösung wird im US-Patent 5911529 beschrieben. Dort wird eine Lösung vorgeschlagen, wie man die Energie des Tastendrucks bei Notebooks nutzen kann, um so ein Notebook mit Energie zu versorgen, ohne auf langen Fahrten zusätzliche Akkus mitnehmen zu müssen.

Idealität

Unter einem idealen Produkt versteht man ein Produkt, in dem alle erwünschten Funktionen verwirklicht sind, aber keine unerwünschten Nebenwirkungen mehr vorhanden sind. Die Idealität wird als Quotient definiert:

$$\text{Idealität} = \frac{\text{Summe der erwünschten Funktionen}}{\text{Summe der unerwünschten Nebenwirkungen}}$$

Für die Praxis heißt das, dass die Weiterentwicklung eines Produktes immer zu einer Steigerung der Idealität führen muss, ohne dass der Quotient der Idealität als mathematische Größe im engeren Sinne betrachtet wird.

Zur Verbesserung der Idealität werden insgesamt sechs Möglichkeiten vorgeschlagen. Die beiden wichtigsten Möglichkeiten sind:

♦ Elemente bzw. Funktionen, die Probleme verursachen, sind **wegzulassen**.

♦ Das Problem ist am idealsten gelöst, wenn **Funktionen**, auch die Gesamtfunktion des Systems, **nicht mehr benötigt wird**. Beispiel hierfür wäre, wenn

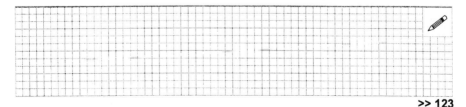

Entwickler von Reinigungsgeräten sich die Frage stellen würden, was zu tun ist, damit zukünftig keine Reinigungsgeräte mehr gebraucht werden.

Im Sinne der Idealität ist die Lösung eines Problems durch Hinzufügen von etwas Zusätzlichem der falsche Weg.

Konflikt

Die Ideenfindung mittels Synektik hat einen Weg aufgezeigt, Lösungen über mehrere Stufen der Abstraktion zu finden. Am Schluss werden die gefundenen, abstrakte Lösung, auf das eigentliche Problem übertragen. Einen solchen indirekten Weg zur Lösungssuche bietet auch die Methode der **Konflikte** innerhalb der TRIZ-Methodik. Grundelement der Methode ist die Rückführung der konkreten Aufgabenstellung auf einen von 39, in der Methodik definierten, Technischen Parameter, *Tabelle 6.4-2.*

Im Einzelnen sind bei dieser Methode folgende Arbeitsschritte abzuarbeiten:

♦ Beschreibung des konkreten Problems.

♦ Festlegung des Parameters der verbessert werden soll. Dazu ist das Problem soweit zu abstrahieren, so dass der zu verbessernde Parameter einem der 39 Technischen Parameter der Tabelle entspricht.

♦ Bestimmung des Parameters, der sich nicht verändern darf. Dazu wird das Problem wiederum soweit abstrahiert, so dass der nicht zu verändernde Parameter einem der 39 Parameter der Methodik entspricht.

♦ Im Schnittpunkt der beiden Parameter in einer vorgegebenen Matrix werden Innovationsprinzipien, *Tabelle 6.4-3*, genannt, die prinzipielle Lösungsansätze für die abstrahierte Aufgabenstellung darstellen.

♦ Die prinzipiellen Lösungsansätze sind anschließend auf die konkrete Aufgabenstellung zu übertragen.

Notwendig zur Anwendung dieser Methode ist die Fähigkeit, ein konkretes Problem soweit zu abstrahieren, dass es zu den gegebenen Parametern passt und danach die abstrakten Lösungsideen in konkrete Lösungen zu übersetzen.

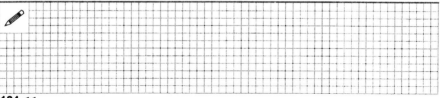

Technische Parameter	
1 Gewicht eines bewegten Objektes	21 Leistung
2 Gewicht eines stationären Objektes	22 Energieverschwendung
3 Länge eines bewegten Objektes	23 Materialverschwendung
4 Länge eines stationären Objektes	24 Informationsverlust
5 Fläche eines bewegten Objektes	25 Zeitverschwendung
6 Fläche eines stationären Objektes	26 Materialmenge
7 Volumen eines bewegten Objektes	27 Zuverlässigkeit
8 Volumen eines stationären Objektes	28 Messgenauigkeit
9 Geschwindigkeit	29 Fertigungsgenauigkeit
10 Kraft	30 äußere negative Einflüsse auf das Objekt
11 Druck oder Spannung	31 negative Nebeneffekte des Objektes
12 Form	32 Fertigungsfreundlichkeit
13 Stabilität eines Objektes	33 Benutzerfreundlichkeit
14 Festigkeit	34 Reparaturfreundlichkeit
15 Haltbarkeit eines bewegten Objektes	35 Anpassungsfähigkeit
16 Haltbarkeit eines stationären Objektes	36 Komplexität in der Struktur
17 Temperatur	37 Komplexität in der Kontrolle und Steuerung
18 Helligkeit	38 Automatisierungsgrad
19 Energieverbrauch eines bewegten Objektes	39 Produktivität
20 Energieverbrauch eines stationären Objektes	

Tabelle 6.4-2   Tabelle der Technischen Parameter nach TRIZ

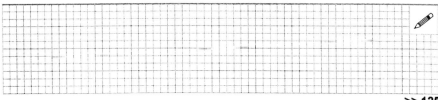

Innovative Prinzipien	
1 Segmentierung und Zerlegung	21 Durcheilen und überspringen
2 Abtrennung	22 Schädliches in Nützliches verwandeln
3 örtliche Qualität	23 Rückkopplung
4 Asymmetrie	24 Mediator, Vermittler
5 Vereinen	25 Selbstversorgung und Selbstbedienung
6 Universalität	26 Kopieren
7 Verschachtelung	27 billige Kurzlebigkeit
8 Gegengewicht	28 Mechanik ersetzen
9 vorgezogene Gegenreaktion	29 Pneumatik und Hydraulik
10 vorgezogene Aktion	30 flexible Hüllen und Filme
11 Vorbeugemaßnahmen	31 poröse Materialien
12 Äquipotenzial	32 Farbveränderung
13 Umkehr	33 Homogenität
14 Krümmung	34 Beseitigung und Regeneration
15 Dynamisierung	35 Eigenschaftsänderung
16 partielle oder überschüssige Wirkung	36 Phasenübergang
17 höhere Dimension	37 Wärmeausdehnung
18 mechanische Schwingungen	38 starkes Oxidationsmittel
19 periodische Wirkung	39 inertes Medium
20 Kontinuität	40 Verbundmaterialien

Tabelle 6.4-3: Tabelle der Innovativen Prinzipien nach TRIZ

Technische Parameter, die verbessert werden sollen...	Technische Parameter, die nicht verändert werden sollen...					
	10	11	...	19	20	21
	Kraft	Druck oder Spannung	⋮	Energieverbrauch eines bewegten Objektes	Energieverbrauch eines stationären Objektes	Leistung
...	...	...	...	...	...	...
9 Geschwindigkeit	13, 28, 15, 19	6, 18, 38, 40	...	8, 15, 35, 38		19, 35, 38, 2
10 Kraft	---	18, 21, 11	...	19, 17,	1, 16,	19, 35, 18, 37
11 Druck oder Spannung	36, 35, 21	---	...	10, 37		10, 35, 14
12 Form	35, 10, 37, 40	34, 15, 10, 14	...	2, 6, 34, 14		4, 6, 2
13 Stabilität eines Objektes	10, 35, 21, 16	2, 35, 40	...	13, 19	27, 4, 29, 18	32, 35, 27, 31

Innovationsprinzipien

Tabelle 6.4-4   Ausschnitt aus der Tabelle zur Lösung der Konflikte mit Hilfe der innovativen Prinzipien der TRIZ-Methodik

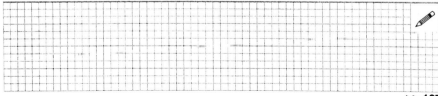

Widerspruch

Häufig treten bei der Lösung von Fragestellung im Rahmen der Produktentwicklung Widersprüche auf, die sich scheinbar nicht lösen lassen. Der TRIZ-Methodenkasten bietet hier als Hilfe die vier **Separationsprinzipien** an, die in der *Tabelle 6.4-5* genannt sind.

Prinzip	Erläuterung	Beispiel
Separation im Raum	Die sich widersprechenden Erfordernisse werden räumlich getrennt.	Kinder auf einen Sitz setzen, an dem kein Airbag auslöst.
Separation in der Zeit	Sich widersprechende Funktionen werden zeitlich getrennt.	Airbag öffnet schnell und mit hoher Kraft. Ab dem Moment des Aufpralls wird der Airbag über elektronisch gesteuerte Ventile langsam entlüftet.
Separation innerhalb eines Objektes und seiner Teile	Trennung gegensätzlicher Anforderungen innerhalb eines Objektes oder seiner Teile.	Mehrere, der Körperform angepasste Airbags. Kleine Airbags bremsen zuerst den Aufprall, bevor ein großer Airbag die Restenergie aufnimmt.
Separation durch Bedingungswechsel	Hier werden sich widersprechende Anforderungen erfüllt durch Modifikation der Bedingungen, unter denen zeitgleich ein nützlicher und ein unnötiger Prozess ablaufen.	Sensorisch gesteuert passt sich die Expansionskraft des Airbags der Sitzposition sowie dem Gewicht und der Größe des Fahrers an.

Tabelle 6.4-5: *Die vier Separationsprinzipien zur Lösung von Widersprüchen in Anlehnung an [6/20]*

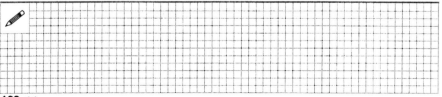

In [6/20] wird ein Beispiel aufgeführt, welches die Anwendung der Separationsprinzipien sehr gut verdeutlicht:

Ein Fahrzeug-Airbag soll sich mit hoher Geschwindigkeit und Kraft öffnen, aber sobald ein Körper darauf auftrifft, sich mit geringer Geschwindigkeit und angepasster Kraft verändern. Dadurch sollen Verletzungen der Insassen, insbesondere von Kindern, vermieden werden.

Ein Lösungsansatz bietet die **Separation durch Bedingungswechsel**. *Sensorisch gesteuert passt sich die Expansionskraft des Airbags der Sitzposition sowie dem Gewicht und der Größe des Fahrers an.*

Zur Lösung werden bei der Separation geeignete Innovative Prinzipien, *Tabelle 6.4-3* angewendet. Nachfolgende Tabelle zeigt die zu den einzelnen Prinzipien der Separation zugeordneten Innovativen Prinzipien.

Prinzip	Innovative Prinzipien
Separation im Raum	1, 2, 3, 4, 7, 17, 24, 26
Separation in der Zeit	9, 10, 11, 15, 16, 18, 19, 20, 21, 29, 34
Separation innerhalb eines Objektes und seiner Teile	13, 28, 32, 35, 36, 38, 39
Separation durch Bedingungswechsel	1, 27, 5, 22

Tabelle 6.4-6:   *Inhaltliche Korrelation zwischen Separationsprinzipien und den Innovativen Prinzipien in Anlehnung an [6/20]*

Operator Material-Zeit-Kosten

Diese Methode möchte das Unterbewusstsein provozieren. Durch überzogene, bewusst realitätsferne Forderungen in Bezug auf die klassischen Grenzen bei der Entwicklung eines Produktes (Material, Zeit, Kosten) sollen kreative Denkanstöße pro-

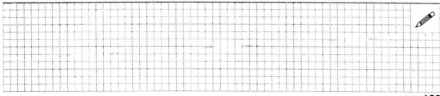

voziert werden. Technische Lösungen, Konstruktionen und Prozesse sollen so bis an die Grenzen ihrer Leistungsfähigkeit untersucht werden. Ziel ist es, mit Hilfe dieser Methode Denkblockaden abzubauen. Bei dieser Methode wird gefragt: Wie sieht die Lösung aus, wenn:

♦   Material, Zeit und Kosten (jeweils einzeln betrachtet), absolut limitiert bzw. null sind ($M \rightarrow 0$, $Z \rightarrow 0$, $K \rightarrow 0$);

♦   Material, Zeit und Kosten (jeweils einzeln betrachtet) unlimitiert bzw. unendlich groß ($M \rightarrow \infty$; $Z \rightarrow \infty$; $K \rightarrow \infty$) sind.

Evolutionsprinzip

Bei der Betrachtung von technischen Systemen lässt sich leicht feststellen, dass sich diese im Laufe der Zeit immer weiterentwickelt haben. Betrachten wir einen Pkw, so hat sich dieser im Laufe seiner Geschichte in Stufen bis zum heutigen Fahrzeug entwickelt. Die Entwicklung verlief über eine Vielzahl von Evolutionsstufen. Gleiches gilt beispielsweise auch für einzelne Komponenten in einem Fahrzeug. Altschuller hat bei seiner Analyse der Patente herausgefunden, dass sich die Technik-Evolution in insgesamt **8 Stufen** vollzieht.

1.   **Evolutionsstufe**

♦   Jedes technische System entwickelt sich in vier Lebensphasen: Kindheit, Wachstum, Reife und Sättigung – S-Kurve (Produktlebenszyklus).

♦   Der evolutionäre Übergang zum nächsten System, zur Folgetechnologie findet immer statt, wenn:

•   Der Bedarf vorhanden ist (Market Pull),

•   Möglichkeiten (Technologien) bestehen, ihn zu befriedigen (Technology Push).

2.   **Zunehmende Idealität**

♦   Jedes System birgt außer nützlichen Funktionen auch schädliche Funktionen.

♦   Systeme entwickeln sich immer in Richtung zunehmender Idealität.

♦   Nur Verbesserungen, die zur Erhöhung der Idealität beitragen, sind sinnvoll.

3.   **Ungleiche Entwicklung von Systemen und Teilen**

♦   Jede Komponente eines Systems (z.B. eines Pkw's) hat ihre eigene S-Kurve mit eigene Zeitskala.

♦   Jede Komponente erreicht ihre Grenzen zu einem anderen Zeitpunkt.

♦   Die Komponente, die zuerst die Reifephase überschreitet, limitiert die Gesamtsystem-Performance.

♦   Maximaler Fortschritt für das System ergibt sich, wenn die Grenze der Komponente beseitigt wird.

4.   **Zunehmende Dynamisierung und Regelbarkeit (Übergang zu multifunktionaler Performance; zunehmende Zahl an Freiheitsgraden; zunehmende Steuer- und Regelbarkeit; Erhöhung der Stabilität.)**

♦   Zunehmende System-Dynamisierung gestattet es, Funktionen mit größerer Flexibilität oder Vielfalt zu erfüllen.

♦   Zunehmende Dynamisierung erfordert ansteigende Steuer- und Regelbarkeit.

♦   Steuer- und Regelbarkeit kulminiert in selbststeuernden Systemen.

5.   **Über Komplexität zum genial Einfachen**

♦   Technische Systeme entwickeln sich zunächst in Richtung zunehmender Komplexität und werden dann genial einfach.

♦   Mono-Systeme entwickeln sich über Bi- und Polysysteme zu neuen Mono-Systemen, die die Funktionsvielfalt des vorherigen Poly-Systems enthalten.

6.   **Gezielte Übereinstimmung und Nichtübereinstimmung / Diskrepanz von Teilen**

♦   Systemelemente entwickeln sich zu gezielter Übereinstimmung oder gezielter Nichtübereinstimmung, um die Performance zu verbessern oder schädliche Effekte zu kompensieren. (z.B. Pkw-Getriebe: Ent-

wicklung vom schlecht synchronisierten Getriebe hin zum genau synchronisierten Getriebe mit lauten Resonanzschwingungen. Diese wiederum werden kompensiert durch gezielte Asymmetrien.)

♦ Aktionen und Rhythmen werden zunehmend koordiniert und verschachtelt.mender Komplexität und werden dann genial einfach.

7. **Übergang zur Mikro-Ebene und Einsatz von Feldern**

♦ Technische Systeme entwickeln sich aus der Makro-Ebene in die Mikro-Ebene (Miniaturisierung)

♦ Dieser Übergang wird durch immer perfekteren Einsatz von Feldern (elektrische Felder z.B. zur Informationsübertragung) und durch Segmentierung unterstützt.

8. **Abnehmende menschliche Interaktion und zunehmende Automatisierung**

♦ Technische Systeme entwickeln sich in Richtung reduzierte menschlicher Interaktion.

♦ Ausführung, Kontrolle, Entscheidung des Menschen werden in dieser Reihenfolge ersetzt.

♦ Schließlich entsteht ein automatisierter Prozess, der den Menschen nicht mehr nachahmt, sondern konsequent auf Erfüllung von Funktionen ausgelegt ist.

Abhängig vom Evolutionsstatus des weiterzuentwickelnden Produktes können daraus Ideen generiert werden.

Weitere Informationen zur TRIZ-Methodik finden sich in der mehrfach zitierten Literatur, aber auch im Internet auf der Seite **www.triz-online.de**. Dort werden auch entsprechende Software-Tools zur Unterstützung dieser Methodik vorgestellt sowie Hinweise auf weiterführende Literaturhinweise gegeben. Einen interessanten Einblick in die TRIZ-Methodik und ihre ersten Anwendungen liefert [6/21]. Allerdings dürfte dieses Buch nur noch in Antiquariaten zu finden sein.

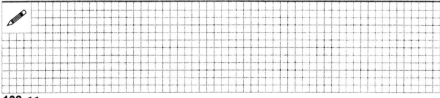

6.4.5   Rechnergestützte Verfahren der Ideensuche

Mittlerweile gibt es im Markt mehrere Anbieter, die Software zur Unterstützung der Ideenfindung auf der Basis von TRIZ anbieten, *Tabelle 6.4-7*. Dabei werden die in TRIZ enthaltenen Methoden mehr oder weniger vollständig abgebildet.

Firma	Adresse	Internet
TriSolver Consulting	Expo Plaza 3 30539 Hannover Tel.: +49 (0)511-8608343 (Deutschland)	www.trisolver.de
Ideation International	25505 West 12 Mile Road Suite 5500 Southfield, MI 48034-8302 Tel.: +1 (248) 353-1313 (USA)	www.ideationtriz.com
Invention Machine Corporation	133 Portland Street Boston, MA 02114 Tel.: +1 (617) 305-9250 (USA)	www.invention-machine.com

Tabelle 6.4-7:   Anbieter von Software-Tools zur Unterstützung der Ideenfindung auf der Basis von TRIZ

Ergänzt werden diese Methoden meist durch Datenbanken, die eine Vielzahl von physikalischen Effekten enthalten. Diese sind zum besseren Verständnis vielfach animiert. Außerdem ermöglichen diese Software-Tools eine Dokumentation der im Verlaufe der Ideensuche gefundenen Lösungen.

6.4.6   Einordnung der vorgestellten Verfahren zur Ideenfindung

Die nachfolgende *Tabelle 6.4-8* soll Anhaltspunkte für die Einordnung der vorgestellten Methoden geben.

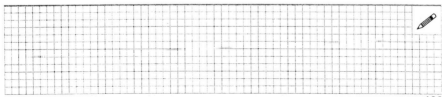

Bewertungskriterien	Brainstorming	Brainwriting	Galerie-Methode	Synektik	Reizwort-Analyse	Variation Funktionenstruktur	Bionik	Ordnungsschemata	WOIS	TRIZ
Gruppenmethode	↑	↑	↑	↑	→	↘	→	↘	↗	↗
für Einzelpersonen geeignet	↓	↓	↓	↓	→	↗	↑	↑	→	→
Moderator erforderlich	↑	↓	↘	↑	↓	↓	↓	↓	↗	↗
für schwierigere Problemstellungen geeignet	→	→	↗	↑	→	↗	↑	→	↑	↑
Einarbeitung erforderlich	↘	↘	↘	↑	↘	→	↑	→	↑	↑
Aufwand	↘	↘	→	↗	↘	→	↑	→	↗	↗
Anzahl der Ideen	↑	↑	↗	↘	↑	→	↘	→	→	↗
Qualität der Ideen	→	→	↗	↑	→	↗	↑	→	↑	↑

Legende: ↑ trifft zu, hoch ↓ trifft nicht zu, niedrig, ↗ → ↘ Zwischenstufen der Bewertung

Tabelle 6.4-8: Bewertung der vorgestellten Verfahren der Ideenfindung

Allerdings ist es in der Praxis so, dass insbesondere mit Bezug auf die Qualität und die Anzahl der mit einer Methode erreichbaren Ideen sowie der Art der behandelba-

ren Probleme sehr unterschiedliche Erfahrungen gemacht werden können. Aus diesem Grunde kann die *Tabelle 6.4-8* nur Hinweise geben.

6.5 Klassifizierung und Bewertung von Lösungsideen

Mit Hilfe der genannten Kreativitätstechniken können innerhalb kurzer Zeit eine Vielzahl von Lösungsideen generiert und daraus Produktkonzepte abgeleitet werden. Nicht alle gefundenen Lösungsansätze sind aber für die konkrete Aufgabenstellung verwendbar, da die Entwicklung eines Produktes immer unter Restriktionen durchgeführt wird. Deshalb soll eine einfache Methode zur Klassifizierung der Ideen helfen, die Ideen herauszufiltern, die im Rahmen eines aktuellen Entwicklungsprojektes sinnvoll umgesetzt werden können. In [6/22] wird ein einfaches Klassifizierungsschema vorgeschlagen, mit dessen Hilfe Lösungsideen für einzelne Funktionen, aber auch vollständige Produktkonzepte in einem ersten Schritt einfach und schnell geordnet werden können. Diese Vorgehensweise hat sich in der Praxis vielfach bewährt. Danach werden die Lösungen wie folgt gekennzeichnet:

X..   Völlig unrealistisch (einstimmig im Team)
.   Funktionen nicht erfüllt, technisch nicht realisierbar, zu teuer, etc.

A..   Gehört nicht zur gestellten Aufgabe
.   würde die Aufgabe verändern, sprengt den Rahmen, Randbedingungen können mit diesem Lösungsansatz nicht erfüllt werden.

- -

1...   Neues Konzept
noch unbekannt, Informationen fehlen, verändert den IST-Zustand wesentlich, hat Einfluss auf wesentliche Funktionen.

2...   Veränderung im Detail
bestehendes Konzept bleibt unbeeinflusst, hat keine Auswirkungen auf späteres Konzept,

Die Bewertung der einzelnen Lösungen erfolgt dabei im Team. Welche Klasse von Lösungen, A, 1, 2 im Rahmen des konkreten Entwicklungsprojektes weiter verwenden werden, hängt von den Randbedingungen und der Zielsetzung des Projektes ab. Nicht verwendete Ideen, auch solche mit der Klassifizierung X, werden dokumentiert, um so für spätere Entwicklungsprojekte zur Verfügung zu stehen.

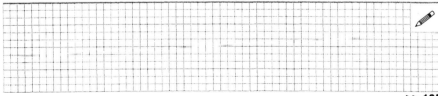

6.6 Auswahl von Lösungskonzepten anhand von Bewertungskriterien

Die vorherigen Arbeitsschritte führen zu einer Anzahl von prinzipiellen Lösungen für das neue Produkt. Diese sind in den nächsten Schritten weiter zu detaillieren. Bei dieser Detaillierung muss die Frage im Vordergrund stehen:

Wie lässt sich die Idee realisieren? Nicht: Warum ist die Idee nicht realisierbar?

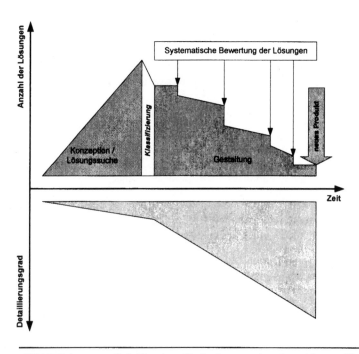

Bild 6.6-1:   *Schrittweise Reduzierung der Anzahl von Konzepten bis hin zur optimalen Lösung*

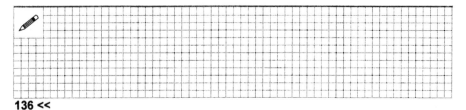

Im Verlauf der Detaillierung können durchaus Lösungen bereits ausscheiden, da sie technisch oder wirtschaftlich nicht realisiert werden können. Die verbleibenden Lösungen sollten allerdings einer systematischen Bewertung unterzogen werden, um letztlich die optimale Lösung auszuwählen. Dabei ist es durchaus sinnvoll, die Bewertung mit zunehmendem Wissen über die einzelnen Lösungen im Verlaufe der Produktentwicklung mehrfach durchzuführen, *Bild 6.6-1*. Die Bewertung sollte alle kunden- und herstellerrelevanten Produktmerkmale berücksichtigen:

Beispiele für Bewertungskriterien:

♦ Sind die Sollfunktionen realisiert?

♦ Wie werden die Kauf entscheidenden Kriterien erfüllt?

♦ Wie werden andere Anforderungen erfüllt?

♦ Vergleich der Lösung mit Produkten der Wettbewerber? (Ist das Konzept besser als die Wettbewerbsprodukte? Wie groß ist der Abstand?)

♦ Wie hoch sind die Herstellkosten?

♦ Lässt sich das Produkt mit den Kompetenzen des eigenen Unternehmens sicher herstellen?

♦ Deckungsbeitrag? (Bei Produktweiterentwicklung Vergleich mit dem vorhandenen Produkt)

♦ Notwendige Investitionen in die Produktion zur Herstellung des Produktes?

♦ Terminsituation, mögliche Markteinführung?

♦ Wie hoch das Risiko?

♦ Wie zukunftsfähig ist das Produkt?

♦ ...

Sinnvoll ist es, ein Ranking der einzelnen Kriterien aufzustellen. Dazu kann der bereits oben beschriebene **Paarweise Vergleich** herangezogen werden. Alle Kriterien sollen untereinander vergleichbar sein und zu quantifizierbaren Aussagen führen, wie:

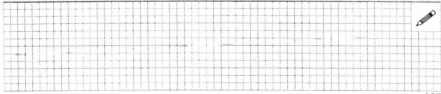

- Geldeinheit,

- Zeit,

- Deckungsbeitrag.

Zur anschaulichen Darstellung der Bewertungsergebnisse wird das weiter oben beschriebene **Stärken-Schwächen-Profil** herangezogen.

7 Produktgestaltung

Gestalten oder Entwerfen ist nach [7/1] das Überführen einer Prinziplösung in ein dreidimensionales (körperliches), technisch herstellbares Gebilde bzw. in Bauteile und Baugruppen.

7.1 Aufgaben im Rahmen der Produktgestaltung

Ein technisches Produkt stellt allgemein betrachtet ein System dar, *Bild 7.1-1*. Ein System besteht aus Komponenten und/oder Teilsystemen, die miteinander in Beziehung stehen. Es grenzt sich von der Umwelt über die Systemgrenze ab. Die Umwelt wirkt auf das System und das System auf seine Umwelt.

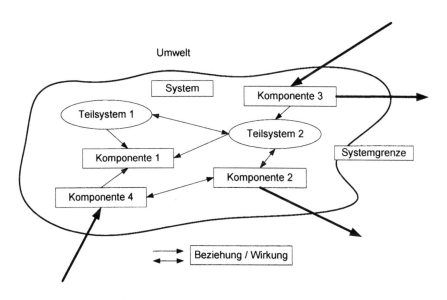

Bild 7.1-1: *Allgemeine Struktur eines Systems als Basis zur Erläuterung der Arbeitsschritte bei der Produktgestaltung*

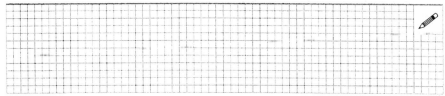

Aus dieser allgemeinen Betrachtung lassen sich die notwendigen Schritte der Produktgestaltung ableiten:

- **Strukturierung des Produktes.** Dabei wird festgelegt, welche Komponenten zu Teilsystemen (Baugruppen) zusammengefasst werden und welche Beziehungen zwischen den Elementen eines Teilsystems, zwischen den Teilsystemen sowie Teilsystemen und Komponenten bestehen sollen.

- **Gestaltung** der einzelnen **Komponenten** des Produktes.

- **Schnittstellen** zwischen den Komponenten und Baugruppen festlegen.

- **Gestaltung der Systemgrenze** als Abgrenzung des Systems (Produktes) zu seiner Umwelt.

- Gestaltung der **Kommunikation** zwischen dem Produkt und dem Nutzer.

Heute gilt, dass Produkte des Maschinenbaus nur noch selten rein aus mechanischen Komponenten aufgebaut sind. Immer häufiger finden sich elektronische Komponenten mit integrierter Software in den Produkten. Mit Hilfe der Elektronik und der Software ist es möglich

- vorhandene Funktionen einfacher und meist kostengünstiger zu realisieren,

- neue Funktionen zu verwirklichen, die bisher in dieser Form noch unbekannt sind.

Dies wirkt sich auch auf die Produktgestaltung aus. Die Produktgestaltung wird bestimmt durch unterschiedliche Fachdisziplinen, die unterschiedliche Methoden und Vorgehensweisen bei der Gestaltung anwenden und Produktdaten in unterschiedlicher Form ablegen. Als Folge davon nimmt auch die Komplexität des Entwicklungsprozesses zu.

Die Gestaltung einzelner Bauteile eines Produktes wird nachfolgend nicht weiter betrachtet. Hierzu sei auf die entsprechende Fachliteratur aus den einzelnen Disziplinen verwiesen oder auf Literatur, welche die Gestaltungsmethoden der verschiedenen Fachdisziplinen gesamthaft dargestellt, so beispielsweise [7/2].

Hier werden im Weiteren wichtige Aspekte der **Produktstrukturierung** sowie des **Produktdesigns**, behandelt werden. Wichtiges Element des Produktdesigns ist dabei die Gestaltung der „Systemgrenze" hin zum Kunden / Nutzer.

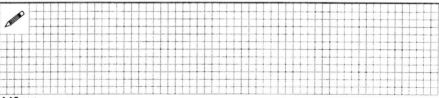

7.2 Strukturierung von Produkten

7.2.1 Produktstruktur und Komplexität eines Produktes

Der Begriff der Produktstruktur lässt sich am besten anhand einer einfachen, allgemeinen Darstellung erläutern, *Bild 7.2-1*. Danach versteht man unter der Struktur eines Produktes dessen Aufteilung in Baugruppen (B) und Einzelteile (E).

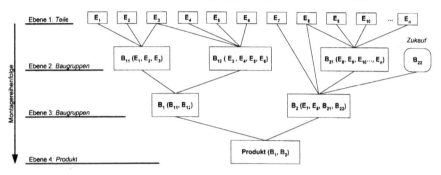

Bild 7.2-1:   *Beispiel einer einfachen Produktstruktur*

Die Einzelteile werden zu Baugruppen zusammengefasst und diese wiederum zu Baugruppen höherer Ordnung bis hin zur Ebene des Produktes. Dabei ist es sinnvoll, immer nur Elemente der darunterliegenden Ebene zu einer neuen Gruppe zusammenzufassen, insbesondere mit Blick auf die Montage. Im dargestellten Beispiel wird dieses konsequent bei den Baugruppen der Ebene 2 angewendet, bei den Baugruppen der Ebene 3 wird dieses nicht eingehalten. Die nicht konsequente Umsetzung kann zu höheren Montagekosten führen, wenn Planungs- und Logistikkosten mitgerechnet werden.

Ausgangspunkt für die Strukturierung eines Produktes sind die geforderten Funktionen und die daraus abgeleiteten Teilfunktionen. Für diese sind die entsprechenden Funktionenträger, Einzelteile und Baugruppen, zu gestalten. Es ist also sinnvoll, die

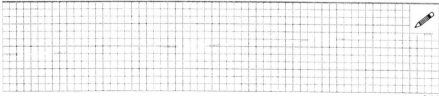

Strukturierung des Produktes entsprechend den notwendigen Funktionen vorzunehmen. Allerdings können übergeordnete Anforderungen eine andere Strukturierung notwendig machen. Aus der Produktstruktur lässt sich auch die Komplexität eines Produktes erkennen.

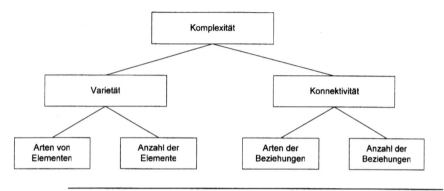

Bild 7.2-2: Komplexität von Systemen [7/3]

Die Komplexität eines Produktes soll in Anlehnung an die Beschreibung der Komplexität eines Systems nach [7/2] bestimmt werden. Danach bestimmen die Art und Anzahl der Elemente die **Varietät**, und die Art und Anzahl der Beziehungen der Elemente untereinander die Konnektivität eines Systems. Varietät und Konnektivität zusammen bestimmen die Komplexität. Auf der Basis der im *Bild 7.2-2* dargestellten Zusammenhänge lassen sich allgemeine Regeln zur Begrenzung der Komplexität eines Produktes ableiten, die in den *Tabellen 7.2-1* und *7.2-2* im nachfolgenden Kapitel genannt sind.

Für die Produktentwicklung gilt, dass mit zunehmender Komplexität eines Produktes auch die Komplexität des Entwicklungsprozesses steigt.

7.2.2   Anforderungen an die Produktstruktur

Die Anforderungen an die Struktur eines Produktes werden maßgeblich durch die herstellerbezogenen Merkmale des Produktes bestimmt. Aus diesen lassen sich die in der folgenden Tabelle aufgeführten Anforderungen ableiten.

Anforderung	Lösungsansatz
niedrige Entwicklungskosten	♦ Wiederverwendung von Gruppen und Einzelteilen. ♦ Verkürzung der Erprobungszeiten.
niedrige Herstellkosten	♦ Mehrfachverwendung von Baugruppen und Einzelteilen. ♦ Einfache Herstellprozesse mit niedriger Komplexität. ♦ Ausnutzung von Lerneffekten in der Montage durch Wiederverwendung von Baugruppen und ähnlichen Produktstrukturen.
hohe Qualität	♦ Wiederverwendung erprobter und optimierter Baugruppen und Einzelteile.
geringe Komplexität	♦ Verwendung möglichst einfacher Elemente; ♦ möglichst wenige Elemente; ♦ einfache Beziehungen (Schnittstellen) zwischen den Elementen und ♦ möglichst wenige Beziehungen (Schnittstellen) zwischen den Elementen.
kostengünstige Variantenbildung	♦ Variantenbildung auf einer hohen Ebene der Produktstruktur, durch Weglassen und Hinzufügen von Baugruppen (Konfiguration statt Konstruktion). ♦ Baukasten, Modularisierung, Plattformen.

Tabelle 7.2-1: Anforderungen und Lösungsansätze zur Strukturierung eines Produktes

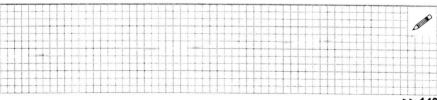

Anforderung	Lösungsansatz
kostengünstige Entsorgung	◆ Zusammenfassung ähnlicher Stoffe in Baugruppen. ◆ Einfache Demontage durch geeignete Strukturierung.
flexible, zukunftssichere Lösung	◆ Modulare Produktstruktur ◆ Produktinnovationen durch neue Lösungen für Module. ◆ Unabhängige, parallele Weiterentwicklung der Module.
klar strukturierte Lieferkette	◆ Definition von Baugruppen, für die als Ganzes eine Make-or-Buy Entscheidung getroffen wird.

Tabelle 7.2-2:   Anforderungen und Lösungsansätze zur Strukturierung eines Produktes

Auch für diese Anforderungen gilt, dass sie nicht alle gleich wichtig sind. Abhängig vom Produkt, den damit am Markt verfolgten Zielen und der Wirtschaftlichkeit sind Anforderungen wichtiger, andere weniger wichtig. Dieses muss bei der Festlegung der Produktstruktur berücksichtigt werden. Ein Ranking der Anforderungen kann mit den beschriebenen Ansätzen erstellt werden.

7.2.3   Integral- und Differenzialbauweise

Bei der Montage werden Elemente gegebener Funktion und Komplexität zu Elementen höherer Komplexität und übergeordneter Funktion zusammengefügt. Die Montage ist vielfach immer noch stark durch manuelle Arbeiten geprägt, sodass dabei entsprechend hohe Kosten entstehen. Hinzu kommen Aufwendungen für die Logistik, Lager, Montageplanung etc. Wird der Montageaufwand reduziert, so lassen sich die Kosten reduzieren.

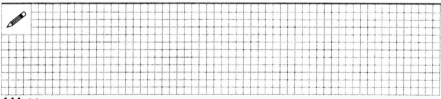

Im Rahmen der Produktentwicklung lassen sich unterschiedliche Zuordnungen von Funktionen zu Bauteilen realisieren und so die Zahl der Montageschritte beeinflussen. So kann eine gewünschte Funktion durch Montieren einer Vielzahl einfacher Bauteile realisiert werden. Man spricht hierbei von Differenzialbauweise.

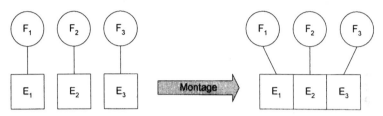

F_i...Funktion; E_i...Einzelteil

Bild 7.2-3:	*Montage von Einzelteilen definierter Funktionen zu einer Baugruppe*

Ein Ansatz, den Montageaufwand zu verringern, ist die Integration mehrerer Funktionen in einem dann komplexeren Bauteil, *Bild 7.2-4*. Unter Einsatz moderner Bearbeitungsmaschinen lassen sich heute auch komplexe Bauteile wirtschaftlich herstellen. Außerdem eignen sich Fertigungsverfahren wie Gießen bereits von ihren grundsätzlichen Möglichkeiten her für die Herstellung komplexer Bauteile mit hoher Funktionsintegration.

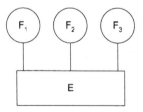

Bild 7.2-4:	*Integration mehrerer Funktionen in einem Bauteil*

Vorteile der Integralbauweise sind natürlich die geringeren Aufwendungen bei der Montage und Logistik, die vereinfachte Materialbeschaffung sowie die Möglichkeit,

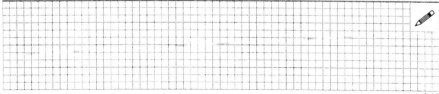

einer optimaler Auslegung der Bauteile. **Nachteile** sind meist hohe Werkzeugkosten, insbesondere bei der Herstellung der Bauteile durch Urformen, die höheren Aufwendungen für die Änderungen an dem Bauteil, aber auch ein höheres Ausschussrisiko in der Fertigung. Ein hoher Integrationsgrad lohnt sich in den meisten Fällen bei großen Stückzahlen.

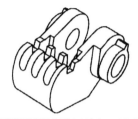

Differenzialbauweise	**Integralbauweise**
- 11 Einzelteile	- 1 Feingussteil
- hoher Fertigungsaufwand	- Fertigungszeitersparnis 62 %
- hoher Montageaufwand	- Montagezeitersparnis 72 %
- Logistikaufwand	

Bild 7.2-5:   Differenzial- und Integralbauweise im Vergleich [7/5]

Natürlich muss bei Entscheidungen über Differenzial- oder Integralbauweise grundsätzlich die Wirtschaftlichkeit unter den spezifischen Rahmenbedingungen des Unternehmens, beispielsweise verfügbare Fertigungstechnologien, berücksichtigt werden. Hinzu kommen marktrelevante Fragen, wie beispielsweise nach den Kosten für Ersatzteile aus der Sicht der Kunden. Eine hohe Funktionsintegration führt häufig auch zu teuren Baugruppen, die im Ersatzteilfall ausgetauscht werden müssen, was Kunden durchaus verärgern kann.

Das nachfolgende Bild zeigt ein realisiertes Beispiel für die Funktionsintegration. Die beiden Funktionen:

♦   Drehmoment übertragen (Zahnrad) und

♦   Drehmomentübertragung unterbrechen (Klauenkupplung)

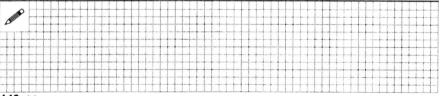

wurden in einem Bauteil realisiert, was die Montagekosten deutlich reduziert.

Bild 7.2-6:   Integralbauweise – Zahnrad und Klauenkupplung in einem Bauteil

In Integral- oder Differenzialbauweise können sowohl einzelne Module eines Produktes als auch das Produkt als Ganzes. ausgeführt werden.

7.2.4   Produktvielfalt

7.2.4.1   Zunahme und Auswirkungen der Produktvielfalt

Bevor Strukturierungsmöglichkeiten von Produkten betrachtet werden, werden zuerst einige Aspekte der zunehmenden Produktvielfalt erläutert.

Der Forderung nach zusätzlichen Produkten oder Produktvarianten kann sich kaum ein Unternehmen entziehen. Unter einer Produktvariante sollen dabei die Abwandlungen eines Produktes bei den kundenrelevanten Merkmalen, *Bild 2.3-2*, verstanden werden. Auslöser der zunehmenden Vielfalt sind dabei:

♦   Individueller werdende Kundenbedürfnisse. Dieses spiegelt sich in der Aufsplittung des Gesamtmarktes in immer mehr, kleinere Marktsegmente wieder. Die einzelnen Marktsegmente erlauben aber nur geringe Absätze und Umsätze.

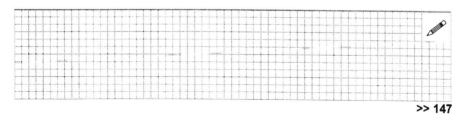

♦ Der steigende Wettbewerbsdruck verlangt in immer kürzeren Zeitabständen nach neuen Produkten.

♦ Sinkende Absatzzahlen versuchen Unternehmen mit immer neuen Produktvarianten zu kompensieren, um so möglichst viele, wenn auch kleine Marktsegmente, bedienen zu können.

♦ Unternehmen werden auf ausländischen Märkten aktiv. Neben anderen Kundenbedürfnissen gelten dort nationale Normen und Richtlinien, die eingehalten werden müssen. Dieses führt zu spezifischen Produktvarianten, je nach Region.

Die drei zuerst genannten Gründe zielen dabei auf die Befriedigung spezifischer Kundenbedürfnisse ab. Deshalb erfolgt die Variantenbildung über die Veränderung der kundenrelevanten Merkmale des Produktes. Wichtig ist es dabei, die Varianten so zu bilden, dass die Unterschiede zwischen den Produktvarianten auch vom Kunden wahrgenommen werden. Dieses erscheint zwar selbstverständlich, aber nicht allen Unternehmen gelingt es auch.

Gefährlich ist die in vielen Unternehmen schleichende Zunahme der Variantenvielfalt. Vom Vertrieb werden Wünsche ins Unternehmen hineingetragen und ohne weitere Überprüfung durch die Unternehmensbereiche Entwicklung, Konstruktion und Produktion in neue Produktvarianten umgesetzt. Neue Produktvarianten sollten aber nur dann realisiert werden, wenn:

♦ das Unternehmen mit den neuen Produktvarianten tatsächlich auch langfristig Geld verdienen kann oder/und

♦ strategische Überlegungen eine neue Produktvariante begründen.

Um der schleichenden Zunahme der Produktvarianten zu begegnen, sollte ein Unternehmen:

♦ klare Regeln zur Aufnahme neuer Varianten in das Produktprogramm festlegen,

♦ in regelmäßigen Abständen die Produktvarianten hinsichtlich ihrer Anzahl und Wirtschaftlichkeit überprüfen.

Als geeignetes Hilfsmittel zur Überprüfung der Variantenvielfalt von Produkten dient

der Variantenbaum, *Bild 7.2-7*. Dieser stellt für ein Produkt die Anzahl der Varianten grafisch dar. Bei komplexeren Produkten mit einer Vielzahl von Modulen kann die Variantenzahl sehr schnell sehr groß werden. Dann lässt sich die Variantenvielfalt nicht mehr in grafischer Form darstellen. Andere Beschreibungsformen, so beispielsweise in Datenbanken, sind dann notwendig.

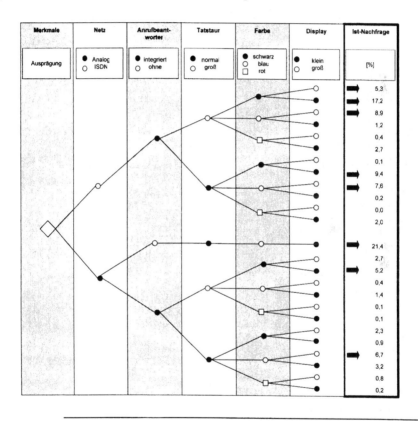

Bild 7.2-7:   Beispiel für die Darstellung der Varianten eines Produktes in einem Variantenbaum (hier: Festnetztelefon)

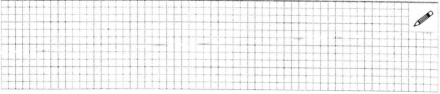

Es ist sinnvoll, die Variantenstruktur um Absatz, Umsatz und Kosten für die einzelnen Produktvarianten zu ergänzen. So wird schnell klar, welche Varianten sich tatsächlich für das Unternehmen lohnen und welche nicht.

Die **Auswirkungen** der zunehmenden Variantenzahl sind in allen Bereichen eines Unternehmens spürbar.

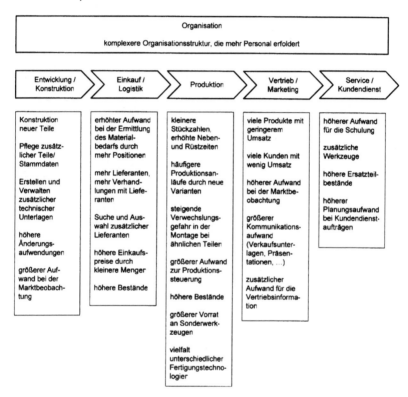

Organisation
komplexere Organisationsstruktur, die mehr Personal erfoldert

Entwicklung / Konstruktion	Einkauf / Logistik	Produktion	Vertrieb / Marketing	Service / Kundendienst
Konstruktion neuer Teile	erhöhter Aufwand bei der Ermittlung des Materialbedarfs durch mehr Positionen	kleinere Stückzahlen, erhöhte Neben- und Rüstzeiten	viele Produkte mit geringerem Umsatz	höherer Aufwand für die Schulung
Pflege zusätzlicher Teile/ Stammdaten		häufigere Produktionsanläufe durch neue Varianten	viele Kunden mit wenig Umsatz	zusätzliche Werkzeuge
Erstellen und Verwalten zusätzlicher technischer Unterlagen	mehr Lieferanten, mehr Verhandlungen mit Lieferanten	steigende Verwechslungsgefahr in der Montage bei ähnlichen Teilen	höherer Aufwand bei der Marktbeobachtung	höhere Ersatzteilbestände
höhere Änderungsaufwendungen	Suche und Auswahl zusätzlicher Lieferanten		größerer Kommunikationsaufwand (Verkaufsunterlagen, Präsentationen, ...)	höherer Planungsaufwand bei Kundendienstaufträgen
größerer Aufwand bei der Marktbeobachtung	höhere Einkaufspreise durch kleinere Menger	größerer Aufwand zur Produktionssteuerung		
	höhere Bestände	höhere Bestände	zusätzlicher Aufwand für die Vertriebsinformation	
		größerer Vorrat an Sonderwerkzeugen		
		vielfalt unterschiedlicher Fertigungstechnologier		

Bild 7.2.-8:   *Auswirkungen der zunehmenden Variantenvielfalt in den unterschiedlichen Unternehmensbereichen*

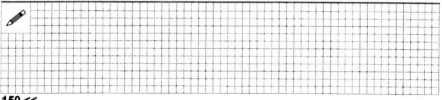

Folgen der zunehmenden Variantenvielfalt sind:

♦ höhere Kosten und

♦ Gewinnrückgang.

Gegen diesen Trend reagieren die Unternehmen häufig mit höheren Preisen, um den Gewinnrückgang zu kompensieren. Daraus aber folgt, dass:

♦ die Wettbewerbsfähigkeit weiter sinkt und damit

♦ Absatz und Umsatz weiter zurückgehen.

So kann ein Teufelskreis entstehen, aus dem es für Unternehmen kein Entrinnen mehr gibt, wenn nicht rechtzeitig geeignete Gegenmaßnahmen ergriffen werden. Geeignete Gegenmaßnahmen beginnen bei der Produktentwicklung. Durch eine geeignete Strukturierung der Produkte kann hier gegengesteuert werden.

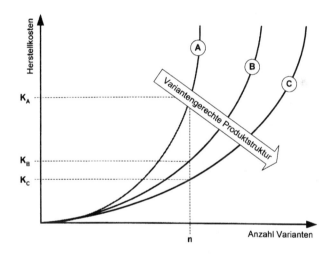

Bild 7.2-9: *Auswirkungen unterschiedlich ausgeprägter variantengerechter Struktur eines Produktes*

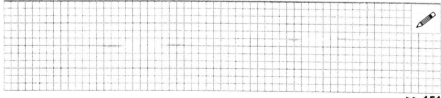

Im *Bild 7.2-9* ist qualitativ dargestellt, wie sich eine bessere Strukturierung der Produkte auswirkt. Je nach Strukturierungsansatz lassen sich bei gleichen Kosten deutlich mehr Varianten realisieren. Auf diesem Wege kann sich ein Unternehmen durchaus Wettbewerbsvorteile verschaffen. Entweder ist das Unternehmen in der Lage, dem Markt die gleiche Anzahl von Varianten bei niedrigeren Kosten anzubieten oder bei gleichen Kosten eine größere Anzahl von Varianten. Die Darstellung im *Bild 7.2-9* beruht auf den Erkenntnissen aus einer Vielzahl von Projekten mit Industrieunternehmen unterschiedlicher Branchen.

Es ist abzusehen, dass aufgrund der Rahmenbedingungen die Zahl der Produktvarianten in den Unternehmen zukünftig eher noch steigen wird. Deshalb kommt der Frage nach sinnvollen Ansätzen der Produktstrukturierung, um die Variantenvielfalt zu beherrschen, eine besondere Rolle zu.

7.2.4.2 Planung des Produktprogramms und der Produktvarianten

Wie beschrieben, sollte es das Ziel der Strukturierung eines Produktes sein, Baugruppen und Einzelteile möglichst häufig wiederzuverwenden. Um dieses bei der Produktentwicklung berücksichtigen zu können, benötigt die Entwicklung als Basis für ihre Arbeit einen aktuellen Produktplan.

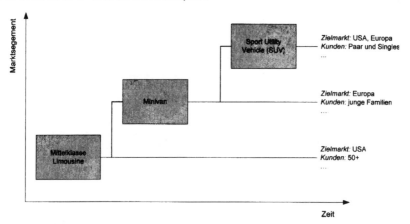

Bild 7.2-10: *Beispiel für den Aufbau eines Produktplans*

Das Beispiel zeigt einen einfachen Produktplan aus der Automobilindustrie. Darin wird dargestellt, wann das Unternehmen welches Produkt in den Markt bringen will und welches Marktsegment damit bedient werden soll.

Daneben sollte ein Produktplan detaillierte Beschreibungen jedes einzelnen Produktes enthalten. Dazu gehören:

♦ Kundenprofil (Bedürfnisse, Psychogramme und demographische Merkmale),

♦ erwartete Absatzmengen und Preise,

♦ Verfügbarkeit von Entwicklungsressourcen,

♦ Lebenszyklus der gegenwärtigen Produkte,

♦ zu erwartender Lebenszyklus von Wettbewerbsprodukten,

♦ verfügbare Produktionstechnologien.

Ein Plan ist aber nicht nur sinnvoll für verschiedene Produkte, sondern auch für Produktvarianten, *Bild 7.2-11*. Die Produktentwicklung braucht von Beginn an entsprechende Vorgaben, um die benötigten Varianten realisieren zu können. Die spätere Einführung neuer Varianten, ohne dass diese bereits bei der Produktkonzeption berücksichtigt wurden, ist fast immer mit einem hohen konstruktiven Aufwand verbunden. Deshalb ist eine vorausschauende Planung unabdingbar.

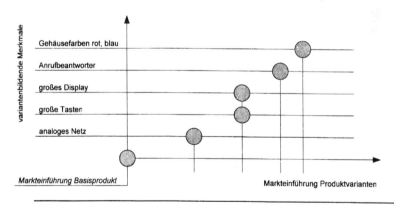

Bild 7.2-11:   Einfacher Variantenplan am Beispiel eines Telefons

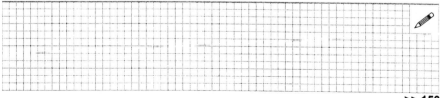

Der Variantenplan zeigt, wann welche Variante in den Markt eingeführt werden soll. Zusätzlich gehören in einen solchen Variantenplan Informationen über erwartete Absatzzahlen und Zielpreise für die Varianten in den Marktsegmenten. Auf der Basis eines Variantenplans kann auch schon früh abgeschätzt werden, welche Anpassung der Prozesse im Unternehmen für die Realisierung der Varianten notwendig ist.

In der Literatur wird als Instrumentarium zur frühzeitigen Erkennung und Vermeidung von Varianten die *Variant Mode and Effects Analyse* (VMEA) [7/4] beschrieben. Diese wurde in Anlehnung an die FMEA (Failure Mode and Effects Analysis) entwickelt. Die VMEA soll die technische und kostenmäßige Beherrschung der Varianten sicherstellen und umfasst vier Arbeitsschritte:

1. Marktorientierte Ermittlung und Gestaltung der Produktfunktionen,

2. Ableitung von Gestaltungsalternativen,

3. Bewerten der alternativen Lösungen,

4. schlanker Vertrieb für komplexe Produkte.

7.2.4.3 Strukturierungsansätze zur Beherrschung der Produktvielfalt

Ziel muss es sein, die marktnotwendige Produktvielfalt möglichst kostengünstig zu realisieren. Dieses beginnt bei der Produktentwicklung, da diese die Herstellkosten eines Produktes im Wesentlichen festlegt. Zur Bildung von Varianten sollte die Produktentwicklung dem Leitsatz folgen:

Kombinieren statt Konstruieren.

Das bedeutet, die Produkte sind so zu strukturieren, dass neue Produktvarianten durch Kombination aus vorhandenen Elementen oder Anfügen neuer Elemente entstehen. Im Idealfall müssen Entwicklung und Konstruktion dazu nicht tätig werden. Nur wenn ein neues Produkt entsteht, wird entwickelt.

Die Kombination sollte auf einer möglichst hohen Ebene der Produktstruktur, also nahe der Produktebene, erfolgen. Das nachfolgende Bild verdeutlicht, warum dieses notwendig ist. Erfolgt die Variantenbildung auf der untersten Ebene, der Teileebene, so ziehen sich die Varianten durch alle Ebenen hindurch. Dieses führt natürlich zu einer höheren Komplexität des Herstellprozesses, durch eine aufwendigere Produk-

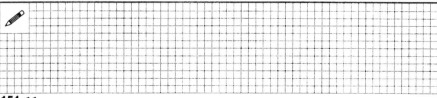

tionssteuerung, kleinere Losgrößen mit Auswirkungen in der Fertigung und Montage sowie einer komplexeren Logistik.

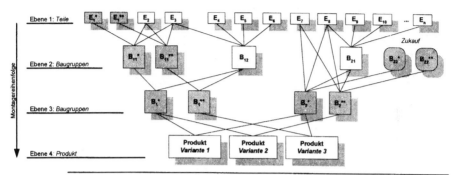

Bild 7.2-12:   *Beispiel für die Variantenbildung eines Produktes auf der Teilebene*

Wird bei der Realisierung eines neuen Produktes teilweise auf bereits vorhandene und erprobte Baugruppen zurückgegriffen, so ergeben sich daraus merkliche Vorteile. Es werden Zeit und Kosten im Bereich der Produktentwicklung gespart. Aber auch in den Bereichen Fertigung und Montage ergeben sich signifikante Einspareffekte durch bereits bestehende und erprobte Prozesse sowie einem schnelleren Hochlauf der Produktion (Ramp Up). Hinzu kommt die bessere Qualität, da bereits Erfahrungen mit den verwendeten Baugruppen vorliegen.

Mit Hilfe eines so strukturierten Produktes wird auch die Forderung nach einer zukunftssicheren Lösung für das Produkt unterstützt. Die Kombination von erprobten und neuen, innovativen Baugruppen erlaubt es, schnell neue Produkte in den Markt zu bringen, die trotzdem eine hohe Qualität besitzen.

Welche Ansätze zur Produktstrukturierung sind bekannt und eignen sich zur Beherrschung der Produktvielfalt? Es sind dieses:

- ♦   **Baukastensysteme** die ihr Ideal im Legobaukasten für Kinder finden,
- ♦   **Modulbauweise**,
- ♦   **Plattformen** die in der Automobilindustrie ihren Ausgang genommen haben.

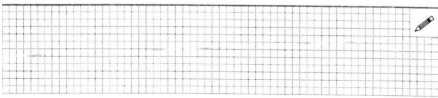

Die genannten Strukturierungsansätze werden nachfolgend beschrieben. Außerdem wird noch auf die **Baureihenbauweise** eingegangen. Sie gehört zwar nicht zu den sogenannten Funktionsbauweisen, wie die anderen genannten Ansätze, stellt aber einen wichtigen Ansatz zur Beherrschung der Produktvielfalt dar.

7.2.4.4   Baukastenstruktur

Nach [7/1] versteht man unter einem Baukastensystem:

> **Ein Baukastensystem besteht aus einer Menge realer oder/und abstrakter Bausteine gleicher oder unterschiedlicher Gestalt und Funktion(en), welche zu verschiedenen technischen Systemen zusammengebaut werden können.**
>
> **Bausteine können Bauteile, Baugruppen oder komplexere Gebilde sein. Bausteine (abstrakte) können auch durch Teilbereiche von Bauteilen oder Baugruppen gebildet werden.**

Für Baukastensysteme gilt:

♦   Baukastensysteme sind aus Bausteinen aufgebaut, die **lösbar** oder **unlösbar** zusammengefügt sind.

♦   Die Produktstruktur der einzelnen Bausteine bliebt unverändert, die des Gesamtprodukts verändert sich.

♦   Die einzelnen Bauteile werden jeweils an definierten **Schnittstellen** miteinander verbunden.

Der Schnittstellendefinition kommt bei Baukastensystemen eine besondere Bedeutung zu. Wie oben beschrieben, wird darüber die Komplexität des Produktes mitbestimmt. Auch die Zukunftsfähigkeit des Produktes hängt in großem Maße von den vorausschauend definierten Schnittstellen ab. Die Schnittstellen sind so auszulegen, dass sie auch zukünftigen Anforderungen gerecht werden.

Ziel eines Baukastensystems ist es, aus möglichst wenigen Bausteinen eine möglichst große Anzahl unterschiedlicher Produkte zu generieren. Im *Bild 7.2-13* ist das Prinzip des Baukastens schematisch dargestellt. Aus den links gezeigten Bausteinen

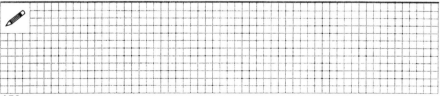

kann eine Anzahl von unterschiedlichen Produkten, rechts, durch Kombineren hergestellt werden.

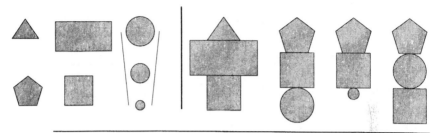

Bild 7.2-13:   Verdeutlichung des Baukastenprinzips anhand einfacher geometrischer Figuren

Durch die Kombination der Bausteine zu unterschiedlichen Produkten ändert sich die Produktstruktur des Produktes. Die Struktur der einzelnen Bausteine bleibt jedoch gleich. Der runde Baustein im *Bild 7.2-13* ist bei gleicher Funktion in unterschiedlichen Größenstufen ausgeführt. Dieses entspricht dem Ansatz einer Baureihe, auf den weiter unten noch eingegangen wird.

Im Rahmen der Baukastensystematik werden nach [7/6] vier Bausteine, *Bild 7.2-14*, unterschieden:

♦ **Grundbausteine**, die grundlegende Funktionen erfüllen und deshalb vorhanden sein müssen.

♦ **Hilfsbausteine**, die Verbindungs- und Anschlusselemente realisieren, müssen ebenfalls vorhanden sein.

♦ **Sonderbausteine**, welche besondere, ergänzende, aufgabenspezifische Teilfunktionen realisieren und die nicht in allen Produktvarianten vorkommen.

♦ **Anpassbausteine**, die zur Anpassung an andere Systeme und Randbedingungen dienen.

Kundenspezifische Lösungen lassen sich mit einem solchen Baukasten nicht realisieren. Deshalb besteht noch die Möglichkeit, die vorhandenen Bausteine des Baukastens um sogenannte Nichtbausteine zu ergänzen.

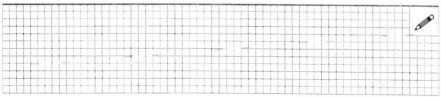

◆ **Nichtbausteine** dienen zur Realisierung auftragsspezifischer Funktionen und werden in Einzelkonstruktion entwickelt.

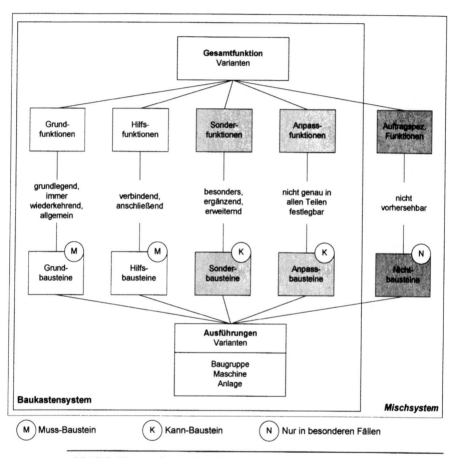

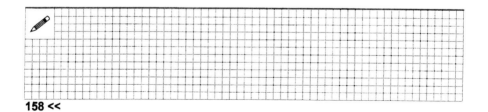

Bild 7.2-12:   *Bausteine eines Baukastens nach [7/6]*

Die Nichtbausteine durchbrechen die Baukastensystematik und führen in der Regel zu höheren Kosten bei den Produkten. Allerdings ist es in der Praxis so, dass die Realisierung kundenspezifischer Bausteine durchaus sinnvoll sein kann. Wenn sich für einen solchen Baustein ein entsprechendes Marktpotenzial ergibt, so kann ein Unternehmen diesen Baustein als Standard durchaus in seinen Baukasten aufnehmen. Generell gilt aber:

◆ **Nichtbausteine vermeiden!**

◆ Sind die Nichtbausteine unvermeidbar, so sollten Unternehmen sich die **Entwicklung** vom Kunden **bezahlen** lassen. Aber auch dann ist abzuwägen, ob die Entwicklung aus unternehmensstrategischer Sicht sinnvoll ist.

Die beiden nachfolgenden Bilder zeigen Beispiele für Baukastenprodukte. *Bild 7.2-14* zeigt eine Druckmaschine. Diese besteht aus den Grundbausteinen Anleger, den Druckwerken und der Auslage. Die Druckwerke sind dabei gleich aufgebaut und der Kunde kann eine entsprechende Anzahl von Druckwerken, abhängig von seinen Aufgaben, wählen.

Bild 7.2-14: *Druckmaschine als Beispiel für ein Baukastenprodukt [Werksbild Firma König & Bauer AG, Würzburg]*

Spezifische Aufgabenstellungen erfordern Sonderbausteine. Möchte der Kunde beidseitig drucken, so benötigt er als Baustein eine Wendeeinheit, die den Druckbogen wendet; soll die Oberfläche des Druckbogens lackiert werden, so benötig er als weiteren Baustein ein Lackwerk.

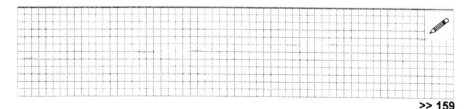

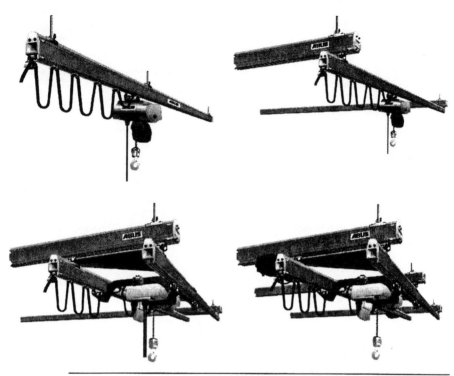

Bild 7.2-15:   Hängebahnsysteme als Beispiel für ein Baukastenpro-
                 dukt [Werksbilder Firma ABUS Kransysteme, Gum-
                 mersbach]

Bild 7.2-15 zeigt, wie sich mit gleichen Bausteinen unterschiedliche Hängebahnsysteme für unterschiedliche Aufgaben realisieren lassen.

Die Realisierung von Produkten auf der Basis eines Baukastensystems ist mit Vor- und Nachteilen verbunden, die sich sowohl auf das Unternehmen als auch auf die Kunden beziehen. In Anlehnung an [7/6] lassen sie sich wie folgt zusammenfassen:

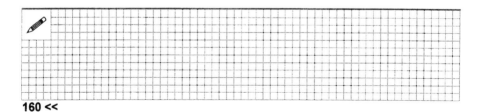

Vor- und Nachteile aus der Sicht des Herstellers

Vorteile

♦ kein auftragsspezifischer Konstruktionsaufwand

♦ auftragsunabhängige Fertigung der Bausteine in optimaler Losgröße, dadurch einfachere Fertigungssteuerung

♦ Kostensenkung durch fertigungs- und montagegerechte Produktgestaltung und Lerneffekte

♦ „Disziplinierung" des Vertriebs aufgrund eingeschränkter Produktvielfalt

♦ Angebote können schnell erstellt und die Kosten dabei genau abgeschätzt werden.

♦ Orientierung der Unternehmensorganisation am Baukasten

Nachteile

♦ Realisierung spezifischer Kundenwünsche nur mit hohem Aufwand möglich

♦ hoher, einmaliger Entwicklungsaufwand, genaue Vorausplanung erforderlich

♦ höheres Entwicklungsrisiko

♦ Produktdesign wird häufig den Anforderungen des Baukastens unterworfen

Vor- und Nachteile aus der Sicht der Kunden

Vorteile

♦ kurze Lieferzeiten

♦ qualitativ hochwertige Produkte

♦ spätere Funktionsänderungen sowie -erweiterungen im Rahmen des Baukastens möglich

♦ problemlose Ersatzteilbeschaffung

Nachteile

♦ spezielle Kundenwünsche lassen sich nur schwer realisieren

♦ teilweise höheres Gewicht und Bauvolumina, dadurch höhere Anforderungen an den Aufstellort

Tabelle 7.2-3: Vor- und Nachteile eines Baukastens aus Unternehmens- und Kundensicht [in Anlehnung an 7/6]

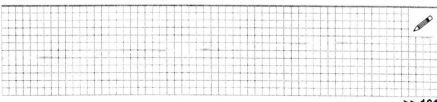

7.2.4.5 Modulbauweise

Bei den Modulen handelt es sich um Anbauteile an einen komplexen Grundkörper. Im Gegensatz zu den Bausteinen lassen sich die Module nicht frei kombinieren. Die Module repräsentieren spezifische Funktionen. Sie besitzen standardisierte Schnittstellen und können an verschiedenen Stellen des Grundkörpers angesetzt werden. Nach [7/7] lassen sich folgende Arten der Modularisierung unterscheiden:

Generische Modularisierung

Zusammensetzung eines Produktes aus stets der gleichen Anzahl standardisierter Bauteile, die jeweils unterschiedliche Leistungsmerkmale aufweisen können, auf der Basis eines einheitlichen Grundprodukts.

Quantitative Modularisierung

Zusammensetzung von Produkten aus unterschiedlich vielen, standardisierten Komponenten auf einem Basisprodukte.

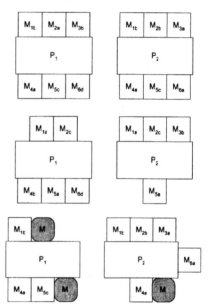

Individuelle Modularisierung

Zusammensetzung von Produkten aus Modulen in fixer oder variabler Anzahl, die teilweise aus einem Standardsatz stammen, teilweise auch kundenindividuell zugeschnitten und/oder gestaltet werden können. Grundlage ist auch hier ein einheitliches Basisprodukt.

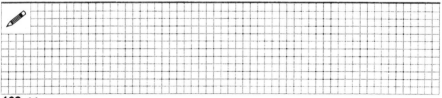

Bild 7.2-16   Mögliche Arten der Modularisierung eines Produktes nach [7/7]

Baukastenprodukte, wie im vorherigen Kapitel behandelt, werden nach [7/7] als vierte Form der Modularisierung unter dem Begriff der freien Modularisierung betrachtet. Das Basisprodukt kann durchaus eigenständig am Markt angeboten werden. Die einzelnen Module dienen dann zur Aufwertung dieses Produktes und zur kundenindividuellen Anpassung. Es kann sich bei dem Basisprodukt auch um eine Produktplattform handeln, die erst durch die Anbringung entsprechender Module zu einem verkaufsfähigen Produkt wird. Die Module als solche können in sich wiederum unterschiedliche Leistungsmerkmale besitzen und als Baureihe ausgeführt werden.

In der Literatur werden verschiedene methodische Ansätze zur systematischen Modulbildung beschrieben, die an dieser Stelle in Anlehnung an [7/8] kurz erläutert werden sollen.

♦ **Modular Function Deployment (MFD)**

Das MFD wurde in Schweden entwickelt [7/9]. Kernelement der Methode ist die sogenannte *Module Indication Matrix (MIM)*, welche die technischen Lösungen und die Kriterien für die Modulbildung gegenüberstellt. Mithilfe der Kriterien kann entschieden werden, ob es sinnvoll ist, ein Produkt als Modulprodukt zu entwickeln und welche Elemente als Module realisiert werden sollten. *Tabelle 7.2-4* nennt die Kriterien entsprechend der Darstellung in [7/9].

♦ **Design for Variety (DfV)**

Diese Methode wurde an der Stanford University (USA) entwickelt. Beim DfV werden zwei Arten von Variabilität von Produkten unterschieden – die zeitliche Variabilität, die über die Produktgenerationen entsteht und die räumliche Variabilität, die sich aus verschiedenen Marktsegmenten ergibt. Es werden zwei Indizes betrachtet:

Generation Variety Index (GVI): Schätzt den Aufwand zur Komponentenanpassung an zukünftige Produktgenerationen aufgrund von veränderten Kundenanforderungen ab.

Coupling Index (CI): Dieser gibt an, wie eng eine Komponente mit anderen Komponenten gekoppelt ist. Je größer der Wert, um so enger sind die Komponenten miteinander gekoppelt, um so größer ist die notwendige Anpassung der anderen Komponenten, wenn die erste Komponente geändert wird.

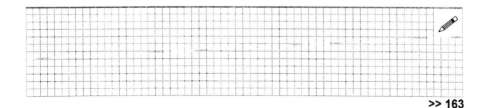

„Module Drivers": Kriterien für die Modulbildung		
Das Modul ...		
Product Development & design	Carryover	wird in mehr als einer Produktgeneration unverändert verwendet (zeitversetzt).
	Technology evolution	erfährt während seiner Lebensdauer geplante Änderungen, die vom Unternehmen nicht selbst gesteuert werden.
	Planned product changes	erfährt während seiner Lebensdauer geplante Änderungen, die vom Unternehmen selbst gesteuert werden.
Variance	Different specifictions	wird unterschiedlichen Spezifikationen bzgl. Funktion und Leistung angepasst.
	Styling	wird unterschiedlichen Kundenwünschen bezüglich Form und Farbe angepasst.
Production	Common unit	wird unverändert im gesamten oder in Teilen des Produktspektrums verwendet (zeitgleich).
	Process and/or organization	muss spezifische Herstellprozesse durchlaufen.
Quality	Separate Testing	kann vor seiner Endmontage auf seine volle Funktionsfähigkeit getestet werden.
Purchase	Supplier available	wird komplett von einem Lieferanten zugekauft.
After Sales	Service and maintenance	Kann einfach, schnell und kostengünstig inspiziert/gewartet, in Stand gesetzt, ausgetauscht werden.
	Upgrading	ermöglicht Produktaufwertung.
	Recycling	ermöglicht optimale Demontage und Wiederverwertung / Wiederverwendung.

Tabelle 7.2-4:   Kriterien für die Modulbildung im Rahmen des Modular Function Deployment nach [7/9]

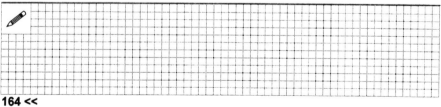

Der Coupling Index wird nochmals unterteilt in den CI-R (receiving) und CI-S (suppling) Index. Damit wird die „abgebende" bzw. „bekommende" Spezifikation angegeben.

Ziel der Entwicklung ist es, den GVI- und den CI-S-Index gleich null werden zu lassen, d. h. die Komponenten zu standardisieren. Ist dieses nicht möglich, so ist das Produkt zu modularisieren.

♦ **Modular Product Architecture**

Die *Modular Product Architecture* fasst nach [7/8] verschiedene Untersuchungen des Massachusetts Instituts of Technology (MIT) zusammen. Ausgangspunkt ist die Bestimmung der geforderten Variabilität der Produkte, anhand einer Untersuchung des Marktes und der Kundenwünsche. Die Modularisierung erfolgt dann über folgende Schritte:

Erstellung der Funktionenstruktur für die jeweiligen Varianten des Produktes. Diese wird entsprechend [7/6] in Stoff-, Energie- und Signalflüsse unterteilt.

Untersuchung der Funktionenstrukturen auf ihre Ähnlichkeit. Ziel ist es, für alle Produktvarianten möglichst eine gemeinsame Funktionenstruktur zu erarbeiten.

Untersuchung der einzelnen Funktionen auf ihre Varianz:

	Produkt A	Produkt B	Produkt C	Produkt D
Funktion 1	Ausprägung 1.1	Ausprägung 1.2	Ausprägung 1.3	Ausprägung 1.4
Funktion 2	Ausprägung 2.1	-	Ausprägung 2.1	Ausprägung 2.2
Funktion 3	Ausprägung 3.1	Ausprägung 3.2	-	-

Ziel ist es nun:

♦ Die Funktionen, die über alle Produkte/Produktvarianten nur eine Ausprägung besitzen, zu vereinheitlichen.

♦ Unterschiedliche Ausprägungen kritisch zu hinterfragen, um möglichst viele Ausprägungen zu eliminieren und so die Vielfalt zu begrenzen.

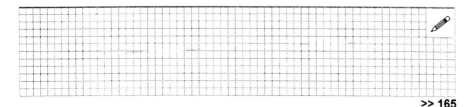

An dieser Stelle sollen noch kurz die Auswirkungen der Modularisierung auf den Produktentwicklungsprozess betrachtet werden. In einem ersten Schritt sind das Basisprodukt sowie erste Module zu entwickeln. Dabei muss zu Beginn der Entwicklung bereits festgelegt werden, welche weiteren Module später noch entwickelt werden sollen und wie vorhandene Module weiterentwickelt werden sollen. Dieses ist notwendig, damit Schnittstellen zwischen den Modulen und dem Basisprodukt sowie zwischen den Modulen festgelegt werden können. Spätere Änderungen der Schnittstellen führen häufig zu hohen Kosten.

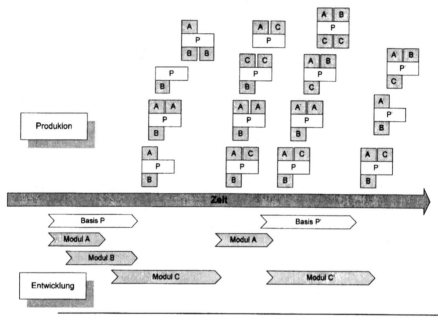

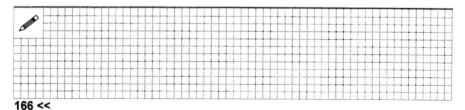

Bild 7.2-17:   *Entwicklung und Weiterentwicklung modularer Produkte parallel zur Produktion der Module*

Ist das Basisprodukt mit den ersten Modulen vorhanden, so können daraus bereits Produkte realisiert und am Markt angeboten werden. Parallel können weitere Module entwickelt oder vorhandene Module weiterentwickelt werden, um so die Produkte im

Markt aktuell zu halten oder um mit neuen Produktmerkmalen neue Marktsegmente zu erschließen. *Bild 7.2-17* zeigt prinzipiell den möglichen Entwicklungsablauf bei modularen Produkten.

Ob es wirtschaftlich sinnvoll ist, ein Produkt als modulares Produkt zu realisieren, sollte zu Beginn der Entwicklung sehr genau untersucht werden. Modulare Produkte können durchaus höhere Herstellkosten verursachen, die bedingt sind durch die vorzuhaltenden Schnittstellen. Werden diese nicht benötigt, so entstehen trotzdem Kosten für die Realisierung der Schnittstellen. Im Rahmen einer genauen Wirtschaftlichkeitsrechnung sollte daher vor dem Beginn der Entwicklung ermittelt werden, ob die Realisierung eines Produktes als modulares Produkt sinnvoll ist.

7.2.4.6 Plattformen

Produktplattformen werden häufig im Zusammenhang mit der Automobilindustrie genannt, finden aber auch bei anderen Produkten Anwendung. Für die Plattformen gilt:

- Die Plattformen stellen kein eigenständiges Produkt dar. Sie sind aber ein wesentlicher Teil des Produktes.
- Produkteigenschaften werden wesentlich durch die Eigenschaften der Plattform bestimmt.
- Die gleiche Plattform kommt bei mehreren Produkten zum Einsatz, auch wenn diese unterschiedliche Preis-Leistungs-Kombinationen besitzen.
- Plattformen benötigen eine längere Entwicklungszeit. Produkte, die dann auf dieser Plattform aufgebaut werden, können dagegen in kürzerer Zeit entwickelt werden.
- Die Weiterentwicklung einer Plattform sowie die Entwicklung darauf aufbauender Produkte kann parallel erfolgen.

Basierend auf den genannten Merkmalen kann eine Plattform definiert werden:

Eine Plattform kann definiert werden als **Gleichteilekonzept**, das modellübergreifend die Verwendung identischer Teile, Komponenten und Module vorsieht und damit zu einer signifikanten Verringerung der Variantenvielfalt und Komplexität führt.

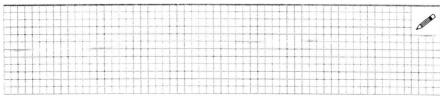

Die beiden nachfolgenden Bilder zeigen als Beispiel die Mechanik- und Rohbauplattformen eines Automobilherstellers.

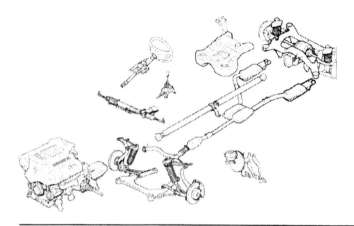

Bild 7.2-18:   *Beispiel einer Mechanik-Plattform eines Pkws [7/10]*

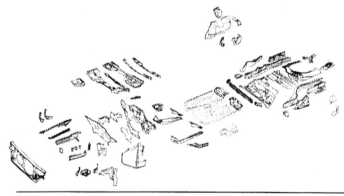

Bild 7.2-19:   *Beispiel einer Rohbau-Plattform eines Pkws [7/10]*

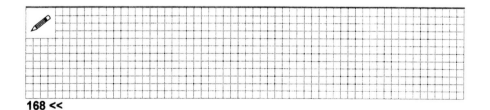

Die oben genannten Merkmale einer Plattform weisen auf einen kritischen Punkt bei den Plattformen hin. Da die Plattformen die Eigenschaften des Produktes wesentlich beeinflussen, muss die Frage beantwortet werden: Wie viel Standardisierung darf sein, wie viel Individualität muss sein?

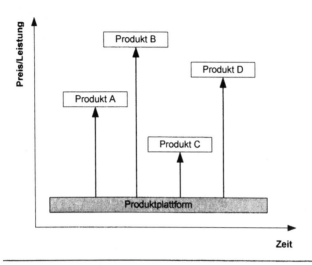

Bild 7.2-20:   *Produkte unterschiedlicher Kombination von Preis und Leistung basierend auf einer gemeinsamen Plattform [in Anlehnung an 7/11]*

Das Problem besteht darin, dass bei zu viel Standardisierung die Produkteigenschaften zu ähnlich werden. Zielen die auf einer Plattform aufbauenden Produkte, *Bild 7.2–20*, auf unterschiedliche Marktsegmente, die unterschiedliche Preis-Leistungs-Kombinationen fordern, so kann die Ähnlichkeit leicht zu Absatzrückgängen bei den teureren Produkten führen. Aufgrund ähnlicher Eigenschaften greifen die Kunden eher zu dem billigeren als zu dem teureren Produkt.

Das Problem bei der Entwicklung einer Plattform als Basis für verschiedene Produkte besteht nun darin, das richtige Maß zwischen Standardisierung und Individualität zu finden, *Bild 7.2-21*.

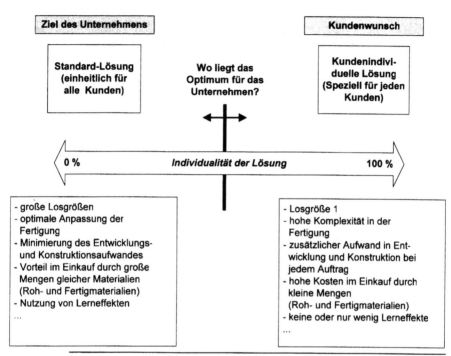

Bild 7.2-21:   Problem der Positionierung einer Plattform zwischen
                 Standard und Individualität

Zur Konzeption einer Plattform bedarf es deshalb geeigneter Instrumentarien:

♦   Produktplan, siehe hierzu Kapitel 7.2.4.2

♦   Differenzierungsplan (Individualisierung)

♦   Plan zu Vereinheitlichung (Standardisierung)

♦   Beziehungsmatrix zwischen Differenzierungsmerkmalen und Baugruppen.

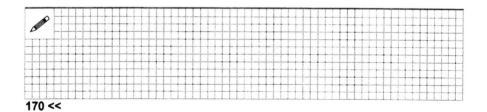

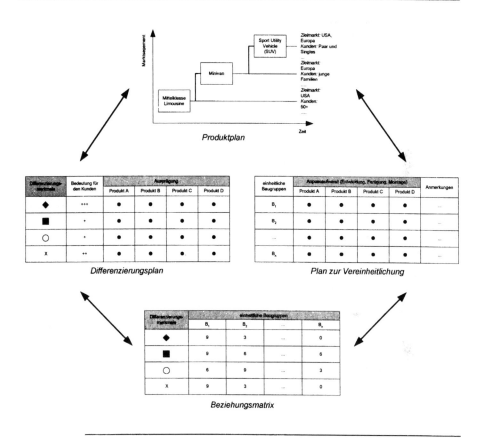

Bild 7.2-22: Instrumente zur Konzeption einer Produktplattform

Differenzierungsplan: Der Differenzierungsplan beschreibt die gewünschte Unterscheidung zwischen den Modellen aus der **Sicht des Kunden**. Im Differenzierungsplan werden zuerst die maßgeblichen Unterscheidungsmerkmale zwischen den einzelnen Modellen festgelegt. Sinnvoll sind hier die zehn bis

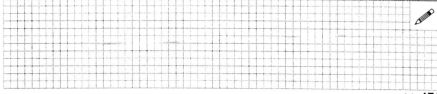

zwanzig wichtigsten Kriterien, die nach ihrer Bedeutung für den Kunden gewichtet werden. Danach wird für jedes dieser Kriterien die Ausprägung für die einzelnen Modelle beschrieben.

Im ersten Durchgang ist der Differenzierungsplan ein Idealplan, indem er die für den **Kunden** wünschenswerte Differenzierung beschreibt. Dieser Plan wird in folgenden Iterationsschritten modifiziert, um der Forderung nach Einheitlichkeit zu genügen.

Plan zur Vereinheitlichung:

Der Plan zur Vereinheitlichung beschreibt aus der Sicht des Unternehmens den Umfang, in dem die Produkte aus denselben physischen **Elementen bestehen sollten,** um den größten Kostensenkungseffekt zu erreichen.

Beziehungsmatrix

Die **Beziehungsmatrix** dient dazu, die Sicht des Kunden und des Unternehmens zusammenzuführen, um zu entscheiden, wo letztendlich gleiche Komponenten verwendet werden können und wo nicht. Mit Hilfe numerischer Faktoren (9, 6, 3, 0) oder von Zeichen kann die Stärke der Abhängigkeit zwischen den Differenzierungsmerkmalen und den Komponenten (Baugruppen) gekennzeichnet werden.

Blöcke, die in keiner Abhängigkeit oder nur einer **schwachen Abhängigkeit** zu einem wichtigen Differenzierungskriterium stehen, sind **konsequent** zu **standardisieren** und in die Produktplattform zu integrieren. Eine Differenzierung dieser Blöcke würde nicht zu einem zusätzlichen Marktwert führen.

Basis für den Erfolg einer Plattform ist die Fähigkeit, die Dinge aus der Sicht des Kunden zu sehen und aus dieser Sicht auch die Frage zu beantworten, wie sich die auf einer Plattform aufbauenden Produkte voneinander unterscheiden.

Welche Vor- und Nachteile bringt nun die Entwicklung einer Plattform?

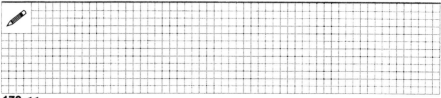

Vorteile	**Nachteile**
◆ Die hohe Anzahl von Gleichteilen ermöglicht erhebliche Kostensenkungspotenziale in den Bereichen Produktion und Entwicklung.	◆ Höherer Aufwand bei Bauteiländerungen in der laufenden Serie, da mehr Randbedingungen berücksichtigt werden müssen.
◆ Eine geringere Anzahl von unterschiedlichen Teilen und Prozessen senkt die Kosten für Verwaltung, Logistik, Distribution, Lagerhaltung, Verkauf, Service und Einkauf.	◆ Steigende Austauschbarkeit der Produkte.
◆ Verringerung der Kosten für die Bauteilpflege während der Produktlebensdauer.	◆ Nahezu identische Grundeigenschaften von Produkten auf einer Plattform (z. B. nahezu gleiche Fahreigenschaften von Fahrzeugen auf einer Plattform)
◆ Plattformen ermöglichen eine hohe Varianz bei niedrigen Kosten. Dadurch können gezielt Marktnischen mit maßgeschneiderten Produkten angesprochen werden.	◆ Gefahr der Kannibalisierung von Produkten aus dem eigenen Unternehmen.
◆ Teile und Montageprozesse, die für ein Modell entwickelt wurden, können für andere Modelle übernommen werden.	
◆ Bessere Qualität (siehe auch Baukästen).	

Tabelle 7.2-5:   Vor- und Nachteile von Plattformen

Der Entwicklungsprozess von Produkten, die auf Plattformen aufbauen, kann wie im *Bild 7.2-23* dargestellt, gestaltet werden. Die Plattformentwicklung läuft parallel zur Entwicklung der auf der Plattform aufbauenden Produkte. Für die einzelnen Produkte sind nur noch die produktspezifischen Elemente zu entwickeln. Wenn die Plattform

einmal vorhanden ist, können darauf aufbauend relativ schnell neue Produkte entwickelt werden.

Parallel zur Entwicklung der Plattform kann die Entwicklung neuer Technologien erfolgen. Diese können dann sowohl bei der Plattform wie auch den einzelnen Produkten eingesetzt werden.

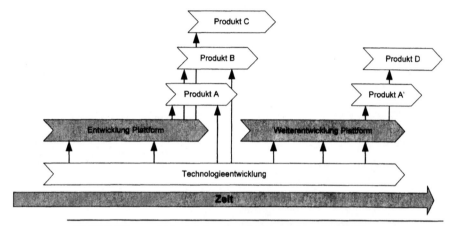

Bild 7.2-23:   *Prinzipielle Darstellung des Entwicklungsprozesses bei Produkten auf der Basis einer Plattform*

Die Plattform eröffnet die Möglichkeit, schnell auf veränderte Marktanforderungen zu reagieren. Es bleiben aber die bereits genannten kritischen Punkte bei plattformbasierten Produkten. Vor allem ist zu bedenken, dass Änderungen an der Plattform sich auf alle darauf aufbauenden Produkte auswirken und Anpassungen erfordern. Der Aufwand wird um so größer, je mehr Produkte auf der Plattform aufbauen.

7.2.4.7   Baureihen

Die bisher vorgestellten Ansätze beruhen im Wesentlichen darauf, dass zur Realisierung unterschiedlicher Produkte oder Produktvarianten möglichste viele gleiche Baugruppen oder Bauteile verwendet werden, die bestimmte Funktionen realisieren. Baureihen stellen einen anderen Ansatz dar. Sie sind nach [7/6] wie folgt definiert:

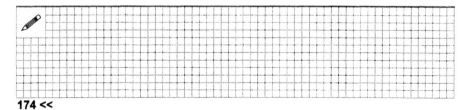

Unter einer Baureihe versteht man technische Gebilde (Maschinen, Baugruppen oder Einzelteile), die:

♦ dieselbe Funktion,

♦ mit der gleichen Lösung,

♦ in mehreren Größenstufen,

♦ bei möglichst gleicher Fertigung

in einem weiten Anwendungsbereich erfüllen.

Die Produktstruktur bleibt bei Baureihenprodukten unverändert. *Bild 7.2-24* zeigt eine Getriebebaureihe, wobei die Stufung nach dem Drehmoment erfolgt.

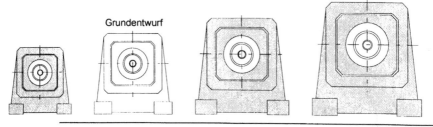

Grundentwurf

Bild 7.2-24: *Beispiel einer Baureihe für ein Getriebe für unterschiedliche Drehmomente*

Abhängig vom Drehmoment verändern sich die Abmessungen und das Gewicht des Getriebes. Das Beispiel zeigt eine eindimensionale Baureihe. Baureihen können aber durchaus über mehrere Dimensionen gespannt werden. *Bild 7.2-25* zeigt ein Produkt, das in der ersten Dimension über die Leistung gestuft ist. In den Leistungsklassen S_2 und S_3 ist das Produkt zusätzlich noch in einer zweiten Dimension über die Abmessungen gestuft.

Für Baureihenprodukte, die in einer Dimension gestuft sind, lassen sich mit Hilfe der Gesetze der Ähnlichkeitsmechanik aus dem Grundentwurf recht einfach die Folgeentwürfe ableiten. Voraussetzung ist die Ähnlichkeit der Produkte. Von Ähnlichkeit wird dann gesprochen, wenn das Verhältnis mindestens einer physikalischen Größe beim Grundentwurf und den Folgeentwürfen konstant ist.

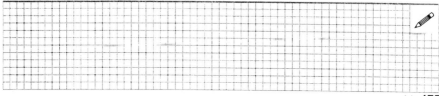

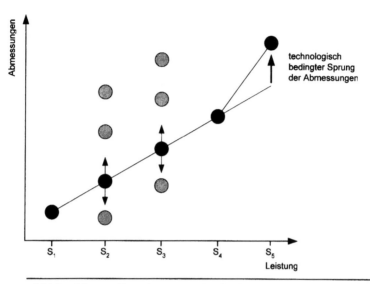

Bild 7.2-25:   *Zweidimensionale Stufe eines Produktes über Leistung und Abmessungen*

Am häufigsten findet die geometrische Ähnlichkeit Anwendung. Geometrische Ähnlichkeit bedeutet, dass alle geometrischen Größen beim Grundentwurf und den Folgeentwürfen in einem festen Verhältnis zueinander stehen, Bild 7.2-26. Dieses gilt beispielsweise für die Produkte der Leistungsstufen S_1 bis S_4 im *Bild 7.2-25*. Es gilt nicht mehr für das Produkt der Leistungsstufe S_5, weil hier ein Sprung in den Abmessungen vorhanden ist. Dieser kann beispielsweise durch eine notwendige andere Fertigungstechnologie bestimmt sein, weil diese in der Leistungsklasse S_5 zu niedrigeren Herstellkosten führen.

In der Praxis, insbesondere bei komplexen Produkten, ergibt sich meist keine vollständige Ähnlichkeit. Diese ist auch bedingt durch den Willen zur Standardisierung und damit zur Verwendung von Gleichteilen. In einem solchen Fall sprechen wir dann von partieller Ähnlichkeit oder übertragen auf die Baureihen von Halbähnlichen Baureihen.

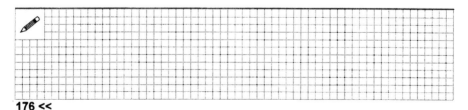

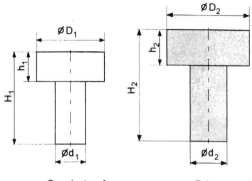

Grundentwurf   Folgeentwurf

φ_L...Stufensprung der Länge

$$\varphi_L = \frac{H_2}{H_1} = \frac{h_2}{h_1} = \frac{\varnothing D_2}{\varnothing D_1} = \frac{\varnothing d_2}{\varnothing d_1}$$

Bild 7.2-26:   *Beispiel für die geometrische Ähnlichkeit zwischen zwei Bauteilen*

Aus dem Prinzip der Baureihen folgt, dass bei diesen Kostensenkungseffekte nur begrenzt durch Gleichteile entstehen, da unterschiedliche Leistungsmerkmale auch unterschiedliche Bauteilabmessungen erfordern. Wie kommen nun bei Baureihen Kosteneffekte zustande? Kostensenkungseffekte ergeben sich auf mehreren Ebenen.

Konstruktion:
- ◆ Für ähnliche Produkte, Baugruppen oder Bauteile braucht die konstruktive Arbeit nur einmal geleistet zu werden. Mit Hilfe der Ähnlichkeitsgesetze kann diese dann auf die Folgeentwürfe übertragen werden.

- ◆ Es kann mehr in die Optimierung der einzelnen Bauteile investiert werden, was dann auf die Folgeentwürfe übertragen werden kann.

Produktion:
- ◆ Bei einer sinnvollen Stufung der Baureihenprodukte wird die Zahl der Varianten begrenzt.

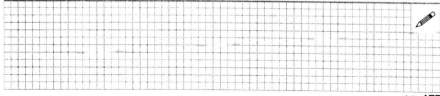

- Die Zahl der notwendigen Fertigungstechnologien wird reduziert.
- Höhere Qualität erreichbar.
- Kostensenkung insbesondere in der Montage durch ausgeprägte Lerneffekte, da die Produkte grundsätzlich gleich aufgebaut sind.
- Kürzere Durchlaufzeiten in der Produktion.

Vertrieb:

- Die Menge der notwendigen Produktinformationen wird reduziert, da die Produkte in Funktion und Aufbau gleich sind.
- Es reduziert sich der Aufwand für die Vertriebsschulungen, aufgrund der Ähnlichkeiten bei den Produkten.

Service / Kundendienst:

- Der Schulungsaufwand für die Mitarbeiterinnen und Mitarbeiter im Bereich Service / Kundendienst wird reduziert.
- Es sind weniger unterschiedliche Werkzeuge notwendig.
- Vereinfachung der Werkzeugbevorratung.
- Einheitliche Wartungs- und Instandhaltungspläne.

Beachten muss man bei Baureihen aber, dass nicht für alle Kundenanforderungen eine optimale Lösung zur Verfügung steht. Dies bedeutet höhere Anforderungen an den Vertrieb, da er in einem solchen Fall mit Argumenten überzeugen muss. Passt die vorhandene Lösung nicht zu den Anforderungen des Kunden, so ist es vielfach besser auf diesen Umsatz zu verzichten als durch teure kundenspezifische Anpassungen eine geeignete Lösung zu entwickeln.

7.3 Funktionen-Kosten-Matrix

Um Produkte zielkostenorientiert zu entwickeln, ist ein ständiger Abgleich zwischen den Kostenzielen und den tatsächlich zu erwartenden Herstellkosten insbesondere bei der Produktgestaltung erforderlich. Dazu ist ein einfaches Werkzeug notwendig, welches die Zielkosten für die einzelnen Funktionen und die Träger der Funktionen, die Baugruppen und Bauteile, zusammenbringt. Dazu dient die **Funktionen-Kosten-Matrix**, die den gewünschten Zusammenhang zwischen den *Funktionen, Funktio-*

nenträgern und den *Funktionenträgerkosten* schafft.

	Funktion 1		Funktion 2		Funktion 3		...		Bauteilkosten
	%	€	%	€	%	€	%	€	[€]
Bauteil A	10	1,20	90	10,80					12,00
Bauteil B	50	9,00	20	3,60	30	5,40			18,00
Baugruppe I					Funktionenkosten aus Ziel-				
Bauteil ...					kostenspaltung				
Funktionen-kosten		10,20		14,40					
Ziel-Funktionen-kosten		10,00		12,00					
Δ Funktionen-kosten		-0,20		- 2,40					

Tabelle 7.3-1:   Prinzipieller Aufbau einer Funktionen-Kosten-Matrix

Aus der weiter oben beschriebenen Zielkostenspaltung sind die zulässigen Kosten der einzelnen Produktfunktionen bekannt. Im Rahmen der Produktgestaltung werden die notwendigen Bauteile und Baugruppen, die Funktionenträger, festgelegt, wobei mit der Entwicklung und Konstruktion der Bauteile und Baugruppen grundsätzlich eine Schätzung der Herstellkosten einhergehen sollte.

Dienen einzelne Bauteile / Baugruppen dazu, genau eine Produktfunktion zu erfüllen, so ist die Zuordnung der Herstellkosten zu der Funktion und damit der Vergleich von Ist- und Soll-Funktionenkosten einfach. Dieses kann durch eine entsprechende Strukturierung des Produktes erreicht werden. Trägt aber ein Bauteil / eine Baugruppe dazu bei, mehrere Funktionen zu erfüllen, so ist zuerst abzuschätzen, wie groß der Anteil eines Bauteils / einer Baugruppe bezüglich der Erfüllung der Funktionen

tatsächlich ist. Die Addition der Kostenanteile in den Spalten der Funktionen-Kosten-Matrix führt dann zu den tatsächlichen Funktionenkosten, welche direkt mit den geplanten Funktionenkosten verglichen werden können.

Folgende Vorteile ergeben sich aus der Anwendung der Funktionen-Kosten-Matrix:

♦ Anschaulicher Vergleich der Kostenziele und der tatsächlichen Kosten der Produktfunktionen.

♦ Durch Eintragen der Bauteil- bzw. Baugruppenkosten kann sehr schnell und in einem sehr frühen Stadium der Produktentwicklung erkannt werden, ob die Zielkosten für das Produkt erreichbar sind.

♦ Schnell wird erkennbar, welche Bauteile bzw. Baugruppen noch zu teuer sind.

Natürlich sind am Anfang der Produktentwicklung die Herstellkosten der einzelnen Elemente noch mit einer großen Unsicherheit versehen. Aber im Verlaufe der Entwicklungsarbeit werden die Werte genauer, so dass dann genaue Aussagen über die Erreichung der Ziel-Herstellkosten für das Produkt möglich sind.

Neben dem Kostenvergleich bei der Konstruktion von Baugruppen und Bauteilen bietet die Funktionen–Kosten–Matrix weitere Vorteile:

♦ Sie unterstützt den systematischen Kosten- / Nutzenvergleich von Produkten im Rahmen der Wettbewerbsanalyse (**Produkt-Benchmarking**).

♦ Die Werthaltigkeit der einzelnen Funktionen des Produktes kann mit ihrer Hilfe bewertet werden.

8 Produktdesign als wichtiges Element der Produktentwicklung

Von Prof. Jürgen Goos, Fakultät für Gestaltung, Hochschule Pforzheim

8.1 Einführung

Produktfunktionen und –qualitäten werden zunehmend austauschbar und ermöglichen in vielen Bereichen keine Profilierung mehr gegenüber dem Mitwettbewerber. Demgegenüber bietet das Produktdesign Möglichkeiten, sich vom Wettbewerb zu differenzieren. Das Produktdesign wird also immer wichtiger für den Absatzerfolg eines Unternehmens.

Kunden entscheiden sich heute für ein Produkt nicht nur anhand objektiver Leistungsmerkmale. Es kommt zusätzlich darauf an, wie diese Merkmale im Sinne einer Kommunikation zwischen Unternehmen und Kunde durch das Design des Produktes vermittelt werden. Produktdesign bietet Unternehmen die Chance, bei qualitativ und technologisch vergleichbaren Produkten, eine eigenständige Marktposition und ein Markenimage zu behaupten. Design wird hier zum Marketinginstrument, zu einem ästhetischen Mehrwert, der sich oft in deutlich höheren Marktpreisen widerspiegelt.

Das Produktdesign ist heute eines der wesentlichen Standbeine einer erfolgreichen Unternehmensstrategie und verkörpert Unternehmenswerte, Attribute der Unternehmensmarke, Ästhetik, Funktion, Innovation, Technologie und Nachhaltigkeit. Dieser Umstand hat zur Folge, dass in den letzten Jahren die Produktpiraterie deutlich zugenommen hat. Seit 1998 erhöhte sich die Zahl der von den Zollbehörden beschlagnahmten Fälschungen um 1.000 Prozent. Der jährliche Schaden wird von der EU-Kommission auf weltweit bis zu 300 Mrd. Euro beziffert. Allein im vergangenen Jahr zogen die europäischen Behörden 103 Mio. Nachahmerartikel aus dem Verkehr.

Nahezu alle Produkte im Konsumgüter-, aber auch zunehmend im Investitionsgüterbereich werden heute in Zusammenarbeit mit Industriedesignern entwickelt. Dabei leistet der Designer nicht eine rein gestalterische Tätigkeit im Sinne einer ästhetischen Perfektionierung eines fertigen Produktes. Der Tätigkeitsschwerpunkt liegt in einer ausbalancierten Kombination aus technisch-wissenschaftlichen, künstlerischen

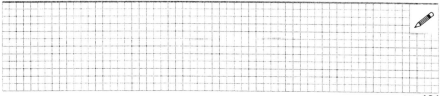

und humanwissenschaftlichen Aktivitäten unter Beachtung ökonomischer und ökologischer Faktoren. Der Industriedesigner arbeitet interdisziplinär und übernimmt eine Rolle als Integrator im Sinne einer ganzheitlichen Unternehmensgestaltung und eines effizienten Designmanagements. Designbüros verantworten zunehmend komplette Produktentwicklungsprozesse. Designleistungen in der Produktentwicklung umfassen daher Dienstleistungen von der Produktanalyse über die Ideenfindung, die Produktkonzeption und den Entwurf bis hin zu Designmodellen und Prototypen.

Die komplexe Struktur, in der Produktdesign entsteht, veranschaulicht folgendes Diagramm:

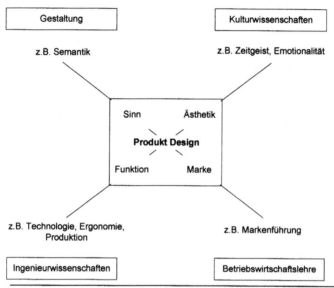

| *Bild 7.3-1:* | *Komplexe Struktur der Entstehung des Produktdesigns* |

Die Ergebnisse und der Neuigkeitsgrad sind dabei stark abhängig vom Briefing bzw. Lastenheft des Auftraggebers.

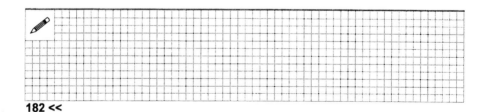

Man kann hier im Wesentlichen drei Kategorien unterscheiden:

Das klassische *Redesign*, also die Überarbeitung oder das Facelifting eines bekannten Produkts, fällt in die Kategorie der Produktpflege. Die Chancen, Risiken und Kosten sind hier leicht abzuschätzen. Es gibt aber wenig Potenzial für neue Märkte.

New Design, als ein grundsätzlich neu entwickeltes Produkt auf der Basis bekannter Technologie und Funktionalität, bietet bei überschaubarem Risiko die Garantie hoher Marktakzeptanz.

Designinnovationen bieten die Chance gänzlich neue Marktsegmente zu schaffen und die Markt- und Markenführerschaft in diesen Bereichen zu erlangen. Erfolgreiche Produkte in dieser Kategorie sind extrem imageträchtig. Das Risiko und die Kosten sind dagegen nicht unbedingt kalkulierbar.

Die Ergebnisse sind auch abhängig vom Profil des einzelnen Designers. Denn Design bleibt immer ein kreativer Schöpfungsakt einer einzelnen Person, selbst, wenn die Kernkompetenzen von Industriedesignern grundsätzlich gleich sind. Hierzu gehören etwa:

♦ Integration von Form, Technik und Marke in ein ästhetisches zielgruppenspezifisches Erscheinungsbild,

♦ Produktinnovation (Bekanntes in Frage stellen – Neues finden),

♦ Zielorientiertes Gestalten mit geplanter emotionaler Wirkung,

♦ Kommunikation zwischen Produkt und Nutzer,

♦ Marktdifferenzierung und –segmentierung,

♦ Markenbildung.

Das besondere Profil eines Industriedesigners wird dagegen durch individuelle Spezialisierung stark differieren. Für ein Unternehmen ist es daher wichtig, sich den passenden Partner für die jeweilige Aufgabe zu suchen. Das Spektrum reicht dabei von den technisch orientierten Funktionalisten bis zu den eher künstlerisch geprägten Stylisten. Während die Funktionalisten sich eher an der Aussage von Louis Sullivan „Form follows function" halten (Sullivan setzte hier allerdings Funktion mit Bedeutung

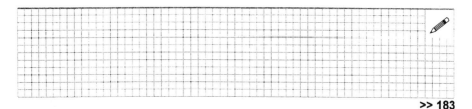

gleich) folgen die Stylisten der Philosophie von Raymond Loewy: Hässlichkeit verkauft sich schlecht.

8.2   Der Designprozess

Designprojekte lehnen sich in ihrem Ablauf an die Produktentwicklungsprozesse in der Konstruktion an. Diese Abstimmung ist sehr wichtig, da beide Entwicklungspartner in der Regel simultan an einem Projekt arbeiten.

Das Projektmanagement im Designbereich umfasst im Wesentlichen 6 Phasen:

◆   Analysephase
Definition der Aufgabenstellung, Markterkundung, Zielgruppenanalyse, Kundenansprüche, Trendanalyse, Unternehmensstrategie, Erkundung der zu verwendenden Technologien, Produktionseinschränkungen, Gesetzgebungen und Normen.

Leistungen: Erstellung eines Pflichtenhefts, Produktanalyse

◆   Konzeptionsphase
Entwicklung grundsätzlicher Lösungsansätze, Konzeption alternativer Produktstrukturen und technisch funktionaler Prinzipien, Ideenfindung zu Material, Fertigungsmöglichkeiten, Ergonomie, Produktausstattung und Kommunikation, Erstellung eines maßstäblichen Packages als Grundlage für den Entwurfsprozess.

Leistungen: Visualisierung mittels illustrativer Darstellungen und einfacher Anschauungsmodelle für Proportionsstudien und ergonomische Untersuchungen

◆   Entwurfsphase
Gestalterische Umsetzung der Konzeption unter Berücksichtigung der technischen Randbedingungen, Erstellung von Design- und Detailvarianten, konstruktive Ausarbeitung, Abstimmung von Design und Technik.

Leistungen: Skizzen, Renderings, CAD-Modelle, Vormodelle

◆   Modellbau / Visualisierung

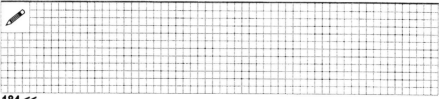

9   QFD – Quality Function Deployment

9.1   Marketing Technik Matrix

Quality Function Deployment (QFD) ist eine Methode zur Unterstützung einer kundenorientierten Entwicklung. Damit ist **QFD** eines der wichtigsten Werkzeuge im Rahmen eines Total Quality Managements (TQM). Die Methode setzt in der Produktentwicklung an und kann bis hin zur Planung des Fertigungs- und Montageprozesses eingesetzt werden.

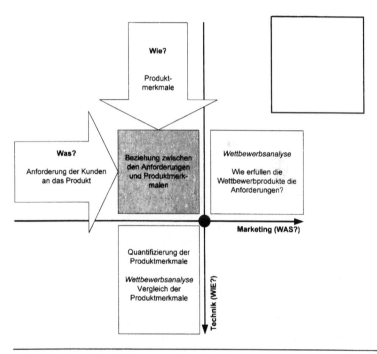

Bild 9.1-1:   *Verbindung von Marketing (Was?) und Technik (Wie?) beim Quality Function Deployment*

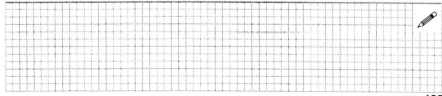

Erstmals wurde QFD 1966 bei der Firma Bridgestone Kurume Factory in Japan eingesetzt. Es kam dann über die USA (Ford Motor Company als Erstanwender) nach Europa. Im Laufe der Jahre wurde die Methode immer wieder leicht modifiziert. Die heute bekannteste Darstellung des QFD ist das **House of Quality**. Ziel der Anwendung von QFD ist die Umsetzung von Kundenanforderungen in Produkte. Dazu verbindet das House of Quality Marktanforderungen (Marketing-Block) und die technische Lösung (Ingenieur-Block) miteinander.

Ausgangspunkt sind bei dieser Methode, wie auch bei der in den vorhergehenden Kapiteln beschriebenen Vorgehensweise, die Kundenanforderungen. Dabei werden die Kundenanforderungen und die technischen Lösungsmerkmale getrennt betrachtet. Wichtiges Element im Rahmen des QFD's ist der Abgleich zwischen den Anforderungen und den Merkmalen des neuen Produktes.

Durch den Einsatz des QFD soll verhindert werden, dass Produktmerkmale festgelegt oder gar schon Bauteile definiert werden, ohne eine genaue Kenntnis der Anforderungen der Kunden. Ein Fehler, der häufig zu langen Produktentwicklungszeiten führt und dann Produkte zum Ergebnis hat, die am Markt nur wenig Akzeptanz finden.

9.2 Erstellung des House of Quality (HoQ)

Ein großer Vorteil des QFD's ist die anschauliche Zusammenstellung der Arbeitsergebnisse im House of Quality, *Bild 9.2-1*. Dieses House of Quality wird in insgesamt vierzehn Schritten erstellt, die nachfolgend erläutert werden. Aufgabenspezifische Ergänzungen im House of Quality sind allerdings möglich.

1. Im ersten Schritt sind die **Kundenanforderungen** einzutragen. Wie weiter oben beschrieben wurde, so sind die Anforderungen auch hier zuerst einer Analyse zu unterziehen mit dem Blick auf die korrekte Beschreibung und die Vollständigkeit.

2. **Gewichtung** der Kundenanforderungen eintragen. Auch beim QFD ist es unbedingt erforderlich die Anforderungen zu gewichten, damit klar erkennbar wird, welche Anforderungen für die Kunden den höchsten Nutzen bringen. Diesen Anforderungen müssen im Verlauf der Entwicklung dann auch Produktmerkmale zugeordnet werden, die diese Anforderungen erfüllen.

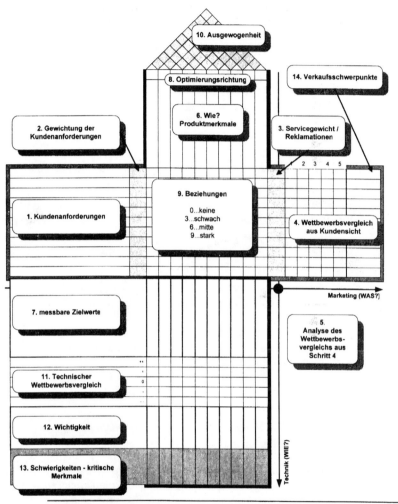

Bild 9.2-1: Prinzipieller Aufbau eines House of Quality

3. Schwerpunkte aus Sicht des **Kundendienstes**; Auswertung von **Kundenreklamationen**

Der Kundendienst kennt durch seine Arbeit vor Ort beim Kunden die Probleme mit den Produkten des eigenen Unternehmens sowie die Meinung der Kunden dazu recht gut. Zudem erfährt er bei Einsätzen vor Ort häufig auch viel über ähnliche Produkte der Wettbewerber. Die Stimme des Kundendienstes ist deshalb bei der Entwicklung unbedingt zu berücksichtigen. Gleiches gilt, wenn das Unternehmen ein systematisches Reklamationswesen besitzt.

In diesem Schritt sind deshalb die Anforderungen des Kundendienstes mit den wichtigsten Kundenanforderungen zu vergleichen und die ermittelten Anforderungen der Kunden auch aus der Sicht des Kundendienstes zu bewerten.

4. **Wettbewerbsvergleich** aus der Sicht der Kunden. Es wird in diesem Schritt untersucht, wie die Wettbewerbsprodukte die Kundenanforderungen erfüllen.

♦ Bewertung der Erfüllung der Kundenanforderungen durch die Wettbewerbsprodukte mittels einer Punktebewertung, beispielsweise 1 für ungenügend erfüllt bis 5 für sehr gut erfüllt.

♦ Darstellung der Ergebnisse in einem Stärken-Schwächen-Profil

♦ Eintragen der Ziele für das eigene neue Produkt.

5. **Analyse Wettbewerbsvergleich.** In diesem Schritt wird anhand der Bewertung der Anforderungserfüllung sowie der Gewichtung der Anforderungen der Kundennutzen des Produktes ermittelt.

♦ Numerische Berechnung des Kundennutzens *Summe aller Gewichtungen der Kundenanforderungen * Bewertung* aus dem Wettbewerbsvergleich.

♦ Das Produkt mit der höchsten Punktzahl erfüllt die Kundenanforderungen am besten.

6. **Wie** sieht die Lösung für das eigene Produkt aus? In diesem Schritt werden die Kundenanforderungen (WAS) in technische Produktmerkmale (WIE) umgesetzt. Dieses ist der zentrale Schritt im QFD, da hier die Kundenanforderungen direkt mit der technischen Lösung des Produktes in Verbindung gebracht werden.

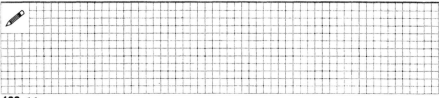

Basis für die Umsetzung ist die Gliederung der Anforderungen in primäre, sekundäre und tertiäre Anforderungen.

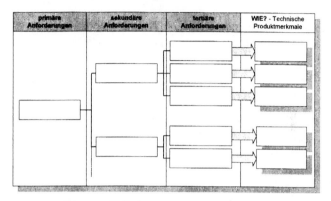

Bild 9.2-2:   *Umsetzung der Kundenanforderungen in technische Produktmerkmale*

7. Festlegung **messbarer Zielwerte** für die Produktmerkmale. Hier werden die technischen Merkmale quantifiziert und mit über-prüfbaren Kenngrößen (Kraft, Moment, Länge, Gewicht, ...) versehen.

8. **Optimierungsrichtung.** Es gilt in diesem Schritt die Veränderungsrichtung der technischen Merkmale hin zu einer aus Kundensicht optimalen Lösung festzulegen. Es wird kritisch hinterfragt, ob die festgelegten Produktmerkmale und Zielwerte ausreichen, um die Kundenanforderungen zu erfüllen bzw. in welche Richtung die Werte verändert werden müssen, um die Kundenanforderungen besser zu erfüllen. Kennzeichnung im HoQ mit:

↑...   Besser, wenn der Zielwert größer wird, z. B. größere Leistung, längere Lebensdauer.

↓...   Besser, wenn Zielwert kleiner wird, z. B. geringeres Gewicht, kleinere Abmessungen.

0...   Optimal, wenn Zielwert unverändert bleibt.

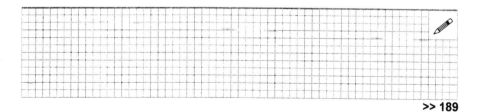

9. Bewertung der **Beziehungsstärken** zwischen den **Kundenanforderungen** und den **Produktmerkmalen** (Bewertung 9, 6, 3, 0)

Dieser Schritt ist einer der Wichtigsten beim Aufbau des House of Quality. Es wird untersucht, wie stark die Beziehung zwischen den Kundenanforderungen einerseits und den Produktmerkmalen andererseits ist. In die Felder der aus den Anforderungen und Produktmerkmalen entstehenden Matrix werden dazu Korrelationswerte eingetragen.

♦ Als Korrelationswerte werden die Ziffern 9 (starke Beziehung), 6, 3, bis zu 0 (keine Beziehung) verwendet. Zur besseren Anschaulichkeit werden anstelle der Ziffern häufig grafische Symbole verwendet.

♦ Wichtige Kundenanforderungen benötigen hoch bewertete Beziehungen zu Produktmerkmalen.

Wurden alle Korrelationen eingetragen, so lässt sich in diesem frühen Entwicklungsstadium schon beurteilen, ob die Produktmerkmale so überzeugend sind, dass ein aus Kundensicht attraktives Produkt entsteht.

10. Beurteilung der **Ausgewogenheit** der Produktmerkmale.

Dazu wird im Dach des HoQ die Korrelation der einzelnen Produktmerkmale untereinander beschrieben. Es können so Zielkonflikte zwischen den einzelnen Merkmalen sichtbar gemacht werden.

♦ Es werden immer nur zwei Produktmerkmale miteinander verglichen.

♦ Bewertungssymbolik:

-... Negative Beeinflussung - die Verbesserung des betrachteten Merkmals verschlechtert gleichzeitig das andere Merkmal.

o... Neutral – die beiden Merkmale beeinflussen sich nicht.

+... Positive Beeinflussung (Verstärkung) – die Verbesserung des einen Merkmals verbessert gleichzeitig das andere Merkmal.

♦ Merkmale, welche sich nicht beeinflussen, können auch unabhängig voneinander entwickelt werden (Parallelentwicklung).

♦ Welche Aussagen lässt das Dach des HoQ nun zu?

Viele Minuszeichen (-): Gewähltes Konzept ist ausgeschöpft. Kaum noch Spielraum für Veränderungen, Lösung ist nicht ausgewogen.

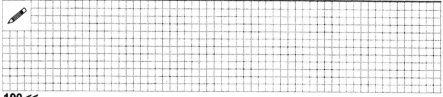

Viele positive oder neutrale Zeichen (+ oder 0): Gewähltes Konzept ist noch nicht ausgeschöpft und enthält noch weiteres Potenzial.

11. **Technischer Wettbewerbsvergleich**

Neben dem bereits durchgeführten Wettbewerbsvergleich auf der Basis der Kundenanforderungen wird ein zweiter Vergleich durchgeführt. Bei diesem werden die technischen Lösungen der Wettbewerber und die vorgesehenen Lösungen für das eigene Produkt verglichen.

♦ Vergleich der Merkmale aller im Wettbewerb zueinander stehenden Produkte.

♦ Bei eventuellen Wissenslücken sind entsprechende Analysen erforderlich.

♦ Folgende Fragen sind von Bedeutung:

- *Wie löst der Wettbewerber im Vergleich zu den definierten Produktmerkmalen seine Funktionen bzw. Anforderungen?*
- *Müssen enge und damit teure Toleranzen sein?*
- *Ist die Lösung des Wettbewerbers kostengünstiger?*
- *Kommt die Lösung des Wettbewerbers mit weniger Teilen aus?*
- *Welche Arbeitsprozesse und Verfahren wurden gewählt?*
- *Ist die Lösung des Wettbewerbers robuster gegen Störeinflüsse oder Fehlbedienung?*

♦ Bewertungssystematik:

++... Lösung ist sehr gut.

--... Lösung ist nicht akzeptabel, sehr schlechte Lösung.

12. Bewertung der **Wichtigkeit** der Produktmerkmale aus der Sicht des Kunden.

Auf diese Weise wird erkennbar, was das Neue und Besondere an dem zu entwickelnden Produkt ist.

♦ Die Wichtigkeit ist ein für jedes Produktmerkmal numerisch berechneter Wert aus der Gewichtung der einzelnen Kundenanforderungen und

der Beziehungszahl zwischen Kundenanforderung und Produktmerkmal.

$$W_i = \sum_{j=1}^{m} G_j \cdot B_{ij}$$

m...   Anzahl der Kundenanforderungen

W_i...   Wichtigkeit des Produktmerkmals i

G_j...   Gewichtungsfaktor der Anforderung j

B_{ij}...   Beziehungsziffer zwischen Produktmerkmal i und Anforderung j

13. **Schwierigkeit – kritische Merkmale.** In diesem Schritt werden die technischen Merkmale des Produktes hinsichtlich möglicher Schwierigkeiten bei der Realisierung bewertet. Beispiel für mögliche Schwierigkeiten im Zusammenhang mit den technischen Merkmalen können sein:

♦ *Kosten:* Es bereitet Probleme, die vorgegebenen Kostenziele zu erreichen.

♦ *Termine:* Die Realisierung des technischen Merkmals innerhalb des vorgegebenen Zeitrahmens bereitet Schwierigkeiten.

♦ *Fertigung:* Es ist ein Fertigungsverfahren notwendig, mit dem noch keine Erfahrung vorliegt.

♦ *Werkstoff:* Es ist ein neuartiger Werkstoff erforderlich, mit dem noch keine Erfahrung vorliegt.

Bei mehreren Schwierigkeitsmerkmalen können diese ähnlich wie die Anforderungen auch gewichtet werden.

Die eigentliche Bewertung der Schwierigkeit kann mittels numerischer Bewertung durchgeführt werden, z. B. durch die Vergabe von Punkten: (Schwierigkeitsgrad hoch...9, mittel...6, niedrig...3, ohne...0).

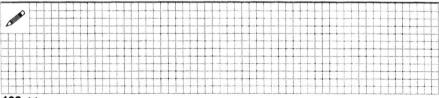

$$S_i = \sum_{k=1}^{n} s_k \cdot B_{ik}$$

n...   Anzahl der Schwierigkeitsmerkmale

S_i...   Schwierigkeit des Produktmerkmals i

s_k...   Gewichtungsfaktor der Schwierigkeit k

B_{ik}...   Beziehungsziffer zwischen Produktmerkmal i
und Schwierigkeit k

In einer Portfoliodarstellung [9/2] lassen sich jetzt **Wichtigkeit** und **Schwierigkeit** der einzelnen Produktmerkmale zusammen darstellen, *Bild 9.2-3*.

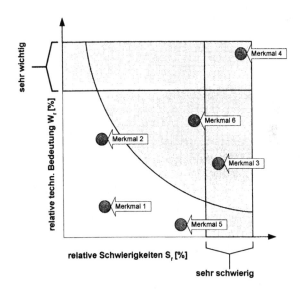

Bild 9.2-3:   *Wichtigkeit der einzelnen Produktmerkmale dargestellt über der Schwierigkeit [9/2]*

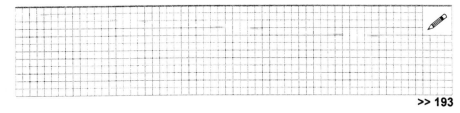

Diese Darstellung veranschaulicht in einer sehr frühen Phase der Produktentwicklung mögliche Risiken auf dem Weg zu einer erfolgreichen Realisierung des neuen Produktes.

♦ Besitzen alle Produktmerkmale nur einen niedrigen Schwierigkeitsgrad, so besteht nur ein kleines Risiko bei der Realisierung.

♦ Wichtige Produktmerkmale mit einem hohen Schwierigkeitsgrad zeigen ein hohes Risiko bei der Realisierung des Produktes.

♦ Besitzt die Mehrzahl der Produktmerkmale einen hohen Schwierigkeitsgrad, so ergibt sich ein sehr hohes Risiko, dass das Produkt in der gewünschten Form nicht realisiert werden kann.

Um bei einem höheren Realisierungsrisiko doch zu einer erfolgreichen Realisierung zu kommen, sollten:

♦ die definierten Produktmerkmale und ihre Zielwerte nochmals kritisch hinterfragt werden,

♦ besondere Priorität bei der Gestaltung der Produktmerkmale auf die Merkmale gelegt werden, die wichtig und schwierig sind.

14. Definition der **Verkaufsschwerpunkte**

Wichtig für den erfolgreichen Vertrieb des neuen Produktes sind die Vorteile des neuen Produktes gegenüber den Wettbewerbsprodukten. Anhand der durchgeführten Wettbewerbsvergleiche und der festgelegten Produktmerkmale werden als Argumentationshilfe für den Vertrieb in diesem Schritt die Produktvorteile gegenüber den Wettbewerbsprodukten herausgearbeitet.

9.3 Beispiel - House of Quality für einen Filzschreiber

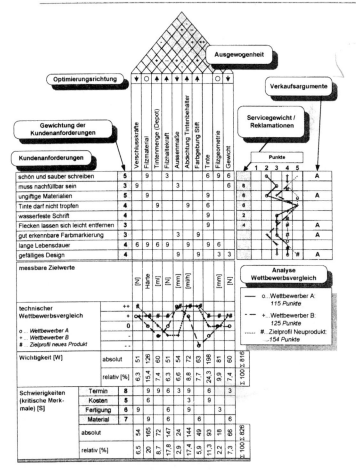

Bild 9.3-1: House of Quality zur Entwicklung eines Filzschreibers

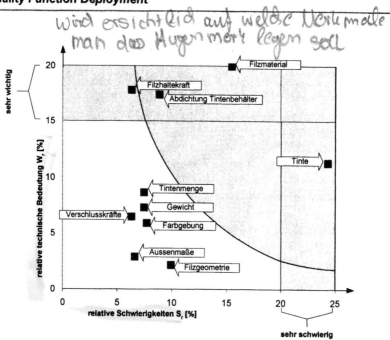

Wird ersichtlich auf welche Merkmale man das Hugenmerk legen soll

Bild 9.3-2:   Portfolio Schwierigkeit - Wichtigkeit am Beispiel des Filzschreibers

Die Auswertung des Portfolios zeigt, dass in diesem Beispiel die Tinte den größten Risikofaktor für die erfolgreiche Realisierung darstellt. Da diese zugekauft wird, muss hier besonders intensiv mit potenziellen Lieferanten an einer kundengerechten Lösung gearbeitet werden. Ein weiteres problematisches Produktmerkmal stellt das Filzmaterial dar. Es besitzt aus Sicht des Kunden eine sehr hohe Wichtigkeit, ist aber gleichzeitig schwierig in Bezug auf die Realisierung.

Wie das Beispiel zeigt, werden durch die Darstellung im Portfolio die besonders problematischen Produktmerkmale schon in einer sehr frühen Phase der Produktentwicklung transparent gemacht.

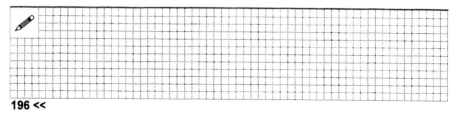

9.4   House of Quality für die weiteren Planungsschritte bis zur Prozessplanung

Beschrieben wurde bisher die Anwendung von QFD für den ersten Schritt auf dem Weg zur Realisierung des neuen Produktes. Auf der Basis der Kundenanforderungen wurden systematisch die erforderlichen Produktmerkmale festgelegt.

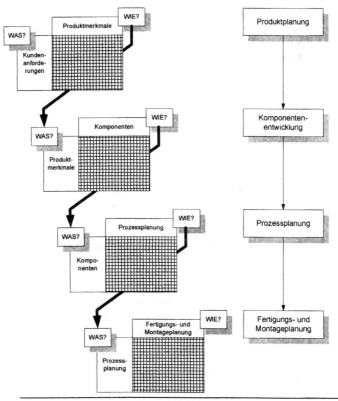

Bild 9.4-1:   *Anwendung des House of Quality für die weiteren Planungsschritte bis zur Fertigung des Produktes*

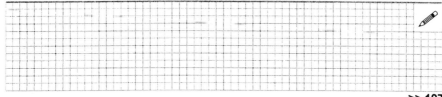

Quality Function Deployment bietet mit dem House of Quality einen systematischen Weg bis hin zur Umsetzung der Kundenanforderungen in die Fertigungs- und Montageplanung über die Planungsschritte Komponentenentwicklung, Prozessplanung sowie Fertigungs- und Montageplanung, *Bild 9.4-1*. Dazu wird das WIE des vorhergehenden House of Quality jeweils zum WAS des nächstfolgenden House of Quality.

Produktplanung

In diesem, oben ausführlich beschriebenen House of Quality werden die Kundenanforderungen in Produktmerkmale umgesetzt.

Komponentenentwicklung

Die Produktmerkmale müssen in reale Komponenten (Einzelteile, Baugruppen) umgesetzt werden. Deshalb wird aus dem WIE der Produktplanung das WAS der Komponentenentwicklung. Es sind nun die notwendigen Komponenten festzulegen, welche die Produktmerkmale realisieren sollen. Das Haus für die Komponentenentwicklung ist jetzt entsprechend den oben beschriebenen Arbeitsschritten aufzubauen und zu vervollständigen.

Prozessplanung

In diesem Schritt erfolgt jetzt der Übergang zur Herstellung des Produktes. Das WIE aus der Komponentenentwicklung wird zum WAS der Prozessplanung. Es soll über diesen Schritt sichergestellt werden, dass der Herstellprozess den Anforderungen der Komponenten tatsächlich gerecht wird, da ansonsten die Kundenanforderungen doch nicht im realen Produkt verwirklicht sind. Ergebnisse dieses Schritts sind unter anderem optimale Zielwerte für die einzelnen Prozesse, aber auch besonders kritische Prozessschritte.

Fertigungs- und Montageplanung

Hier erfolgt die detaillierte Planung der einzelnen Fertigungs- und Montageschritte. Aus dem WIE der Prozessplanung wird das WAS der Fertigungs- und Montageplanung. Hier werden Einstellparameter für einzelne Herstellschritte, Betriebsbedingungen und Pläne zur Qualitätssicherung definiert.

Die systematische Ableitung der verschiedenen Häuser beim Quality Function Deployment kommt der ingenieurmäßigen Arbeitsweise sehr entgegen.

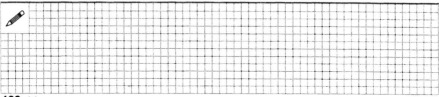

10 Wirtschaftliche Bewertung von Produktentwicklungsprojekten

10.1 Kosten im Zusammenhang mit der Entwicklung von Produkten

Im Zusammenhang mit der Entwicklung eines Produktes entstehen in einem Unternehmen Kosten. Diese fallen nicht nur für den eigentlichen Entwicklungsprozess an. Verbunden mit der Produktentwicklung sind auch Kosten, die in anderen Bereichen eines Unternehmens anfallen, bis das Produkt in den Markt eingeführt werden kann. *Tabelle 10.1-1* listet Beispiele für solche Kosten auf, die in verschiedenen Unternehmensbereichen anfallen können.

Entwicklung

◆ Personalkosten (Teammitglieder)

◆ Hilfsmittel (CAD, Simulationswerkzeuge, ...)

◆ Modell- und Prototypenbau (z.B. Designmodelle, Funktionsmodelle, ...)

◆ Prototyperprobung

◆ Akzeptanztests

◆ Dokumentation

Produktion

◆ Gebäude, Maschinen, Werkzeuge,

◆ Mitarbeitereinstellung und/oder Mitarbeiterschulung

◆ Logistik für die Versorgung mit Zukaufteilen

◆ Bereitstellung für den Vertrieb

◆ Einrichtung der Vertriebslogistik

◆ Serienanlaufkosten

◆ Qualitätssicherungskosten

Vertrieb und Marketing

◆ Anzeigen, Prospekte, Messepräsentationen,...

◆ Anpassung/Aufbau der Vertriebsorganisation

◆ Mitarbeiterschulungen

Service / Kundendienst

◆ Schulung der Mitarbeiter

◆ Organisation der Service- und Kundendienstprozesse

◆ Aufbau der Ersatzteilversorgung

Tabelle 10.1-1:   Kosten, die im Zusammenhang mit der Entwicklung eines Produktes entstehen

Diese Kosten müssen von dem neuen Produkt wieder erwirtschaftet werden, damit sich dessen Entwicklung überhaupt lohnt. Die Wirtschaftlichkeitsrechnung dient dazu, dieses zu überprüfen.

Nachfolgend sollen zuerst wichtige Begriffe, die im Zusammenhang mit der Wirtschaftlichkeitsrechnung stehen, erläutert und anschließend gebräuchliche Verfahren der Wirtschaftlichkeitsrechnung vorgestellt werden.

10.2 Investition, Amortisation und Wirtschaftlichkeit

Die im Zusammenhang mit der Produktentwicklung stehenden Kosten sind aus Sicht eines Unternehmens als Investition zu betrachten. Nach [10/1] versteht man unter **Investition** allgemein das Anlegen von Geldmitteln in Anlagegütern. Dabei können Investitionen nach ihrer Art unterschieden werden u.a. in Realinvestitionen (Produktionsinvestitionen) und immaterielle Investitionen.

Bei der Produktentwicklung erfolgt die Investition über einen Zeitraum verteilt - die Investitionsdauer, *Bild 10.2-1*. Innerhalb dieses Zeitraums steigen die Kosten des Entwicklungsprojektes kontinuierlich an, bis zum vollständigen Abschluss der Arbeiten. Die Gesamtinvestition entspricht dem Kapitaleinsatz KE. Der Verlauf des Kapitaleinsatzes und die Höhe des gesamten Kapitaleinsatzes für das Entwicklungsprojekt sind im Rahmen der Projektplanung mit Hilfe des Kostenplans abzuschätzen. Im Rahmen eines Entwicklungsprojektes ist ein solcher Kostenplan unbedingt erforderlich, da er ein wichtiges Instrument des Projektcontrollings darstellt. Im Verlauf des Entwicklungsprojektes ist es die Aufgabe der Projektleitung, regelmäßig die aktuellen Projektkosten zu ermitteln, darzustellen und mit dem Kostenplan zu vergleichen. Ziel des Projektmanagements ist es, den aktuellen und den geplanten Kapitaleinsatz zur Deckung zu bringen.

Nach der Markteinführung des Produktes soll die Investition Gewinn erwirtschaften, um so schnell wie möglich die entstandenen Kosten wieder zu **amortisieren** und darüber hinaus einen Überschuss zu erzielen. **Amortisation** bezeichnet nach [10/2] die Wiedergewinnung der in den Investitionsobjekten gebundenen Werte. Mit dem durch das neue Produkt erzielten Einnahmeüberschuss soll das investierte Kapital wiedergewonnen und eine Verzinsung erreicht werden. Der Zeitraum bis zur Wiedergewinnung des eingesetzten Kapitals wird als Amortisationsdauer bezeichnet.

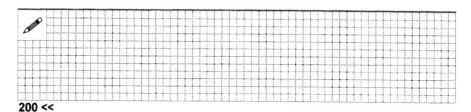

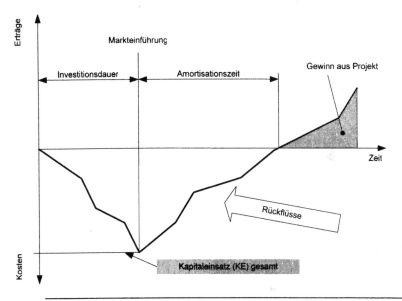

Bild 10.2-1:   *Diagramm zur grafischen Darstellung von Investition und Amortisation*

Der Verlauf der Einnahmeüberschüsse, auch als Rückflüsse bezeichnet, lässt sich, wiederum als Kurvenverlauf darstellen. Schneidet der Kurvenverlauf der Rückflüsse die Nulllinie, so ist ab diesem Zeitpunkt die Investition amortisiert; das Unternehmen erwirtschaftet einen Überschuss mit dem Projekt.

Ob dieses möglich ist und wie lange die Amortisationszeit beträgt, muss schon frühzeitig im Produktentwicklungsprozess abgeschätzt werden. Dazu dienen die Verfahren der Wirtschaftlichkeitsrechnung.

Was wird nun unter der **Wirtschaftlichkeit** verstanden? Es wird zwischen der absoluten und der relativen Wirtschaftlichkeit unterschieden [10/2]. Von **absoluter Wirtschaftlichkeit** wird gesprochen, wenn folgende Ungleichung erfüllt ist:

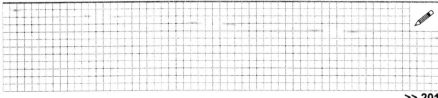

$$\frac{\text{Ertrag}}{\text{Aufwand}} > 1 \quad \text{oder} \quad \frac{\text{Leistung (Umsatzerlöse)}}{\text{Kosten}} > 1$$

Bei der **relativen Wirtschaftlichkeit** werden zwei oder mehr Entwicklungsvorhaben miteinander verglichen. Sind bei zwei Vorhaben die Erlöse gleich, so gilt Vorhaben A als wirtschaftlicher, wenn gilt:

$$\frac{\text{Kosten A}}{\text{Kosten B}} < 1.$$

Bei gleichen Kosten für beide Vorhaben gilt entsprechend:

$$\frac{\text{Ertrag A}}{\text{Ertrag B}} > 1.$$

Aus strategischen Gründen kann es für ein Unternehmen durchaus auch einmal angebracht sein, einzelne Produkte zu entwickeln, die ihre Kosten nicht wieder erwirtschaften. Solche Gründe können beispielsweise sein:

♦ Realisierung eines Produktes als Technologieträger.

♦ Türöffnerprodukt, um sich so neue Kunden für andere, bereits vorhandene Produkte zu erschließen.

♦ Abrundung des Produktprogramms, um als Komplettanbieter im Markt auftreten zu können.

In der Summe müssen sich aber die Investitionen in die Produktentwicklung für ein Unternehmen lohnen und Gewinn erwirtschaften.

Jede Investition ist mit einem Risiko verbunden. Für die Produktentwicklung gilt, dass das Risiko steigt, wenn der Neuigkeitsgrad des Produktes und die Entwicklungsdauer steigen. Risikofaktoren im Zusammenhang mit der Produktentwicklung sind beispielsweise:

♦ Kundenbedürfnisse, die sich während der Entwicklungszeit ändern. Das Produkt trifft dann bei der Markteinführung die Kundenbedürfnisse nicht mehr.

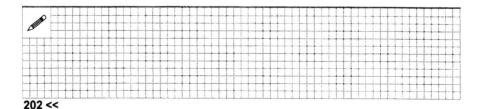

♦ Wettbewerber, die kurz vor der Markteinführung des eigenen Produktes ein ähnliches oder gar besseres Produkt in den Markt bringen.

♦ Technologien, die nicht wie geplant eingesetzt werden können, da sie noch nicht serienreif sind.

♦ Fertigungstechnologien für die Serienfertigung, die noch nicht zur Verfügung stehen.

Risiken können mit der Wirtschaftlichkeitsrechnung nicht beseitigt werden. Sie werden aber bei der Wirtschaftlichkeitsrechnung mittels Risikozuschlägen berücksichtigt. Zur Risikobewertung gibt es spezielle Verfahren, so beispielsweise das in [10/3] vorgestellte Verfahren für den Sondermaschinen- und Anlagenbau.

Die Wirtschaftlichkeitsrechnung beeinflusst zudem den Entwicklungsprozess. So kann sie helfen, den Prozess zu fokussieren, damit sich dieser nicht zu lange hinzieht, ohne dass ein marktfähiges Produkt entsteht.

10.3   Verfahren der Wirtschaftlichkeitsrechnung

Grundsätzlich werden zwei Klassen von Verfahren zur Wirtschaftlichkeitsrechnung unterschieden, die statischen Verfahren und die dynamischen Verfahren.

Statische Verfahren der Wirtschaftlichkeitsrechnung

Als statische Verfahren werden diejenigen Rechenmethoden bezeichnet, bei denen zeitliche Unterschiede beim Anfall der Kosten und Erträge - wie auch des Kapitaleinsatzes - nicht berücksichtigt werden. [10/2]

Die wichtigsten Verfahren der statischen Wirtschaftlichkeitsrechnung sind die:

♦ Kostenvergleichsrechnung,

♦ Gewinnvergleichsrechnung,

♦ Rentabilitätsrechnung,

♦ Amortisationsrechnung*.

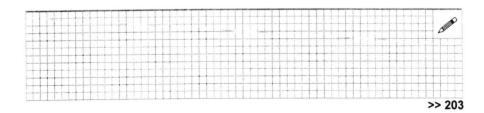

Dynamische Verfahren der Wirtschaftlich- keitsrechnung	Bei dynamischen Verfahren werden durch Diskontierung die zeitlichen Unterschiede im Anfall von Kosten und Erträgen wertmäßig berücksichtigt. [10/2] Die Verfahren bewerten Erträge, die in den ersten Jahren nach der Investition anfallen, höher, als solche Erträge, die später anfallen. Es muss also das Ziel für ein Unternehmen sein, möglichst schnell nach der Markteinführung eines neuen Produktes hohe Erträge damit zu erwirtschaften.

Die wichtigsten Verfahren der dynamischen Wirtschaftlichkeitsrechnung sind die:

◆ Kapitalwertmethode*,

◆ Annuitätenmethode*,

◆ Interne Zinsfußmethode*,

◆ Baldwin-Methode (Variante der internen Zinsfußmethode),

◆ dynamische Amortisationsrechnung*,

◆ MAPI-Methode.

Nachfolgend werden die mit * gekennzeichneten Methoden kurz beschrieben, da sie am häufigsten angewendet werden. Für die weiteren Methoden sei auf die entsprechende Fachliteratur hingewiesen, so beispielsweise [10/1] und [10/2].

10.3.1 Amortisationsrechnung

Ziel der Amortisationsrechnung ist es, den Zeitraum zu ermitteln, in dem das für eine Investition eingesetzte Kapital über die Erträge wiedergewonnen wird. Für die Investition muss gelten:

Amortisationsdauer < Nutzungsdauer

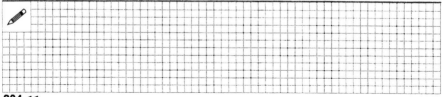

Für ein Produkt bedeutet dieses, dass seine Lebensdauer länger sein muss, als die Amortisationsdauer. Je kürzer die Amortisationsdauer, um so geringer ist für ein Unternehmen das Risiko, das eingesetzte Kapital zu verlieren und um so früher erwirtschaftet die Investition - das neue Produkt - Gewinn für das Unternehmen.

Die Berechnung der Amortisationszeit erfolgt anhand folgender einfacher Gleichung.

$$\text{Amortisationszeit [Jahren]} = \frac{\text{Kapitaleinsatz KE [€]}}{\varnothing \text{ jährlicher Rückfluss [}\frac{€}{\text{Jahr}}\text{]}}$$

Sind die Rückflüsse in anderen Zeiträumen gegeben, beispielsweise in Monaten, so kann auch die Amortisationsdauer in Monaten bestimmt werden. Unterschiedliche Produktkonzepte können durch den Vergleich der jeweiligen Amortisationsdauer bewertet werden.

Nach [10/2] wird der Rückfluss, auch als Cash-Flow bezeichnet, wie folgt berechnet:

Überschuss / Jahr	Gewinn aus dem Verkauf des Produktes, Kostenersparnis durch die Investition.
+	
zusätzliche kalkulatorische Abschreibungen/Jahr	Über kalkulatorische Abschreibungen freigesetzte Mittel der Investitionen – vorausgesetzt, sie sind durch hereingeflossene Erträge abgedeckt.
+	
zusätzliche kalkulatorische Zinsen für Eigenkapital/Jahr	Siehe hierzu auch [10/2]
=	
Rückfluss pro Jahr (Cash-Flow)	

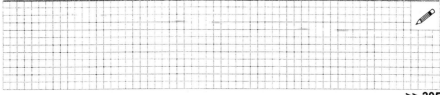

Bei der Anwendung der Wirtschaftlichkeitsrechnung während der Produktentwicklung sind die Rückflüsse grundsätzlich nur Erwartungswerte, da die wirklichen Zahlen erst vorliegen, nachdem das Produkt im Markt ist und verkauft wird. Die Erwartungswerte müssen zur Anwendung der Wirtschaftlichkeitsrechnung im Rahmen der Produktentwicklung geschätzt werden. Dieses verlangt von den beteiligten Teammitgliedern entsprechende Erfahrungen, da ansonsten die Wirtschaftlichkeitsrechnung ein falsches Bild liefert.

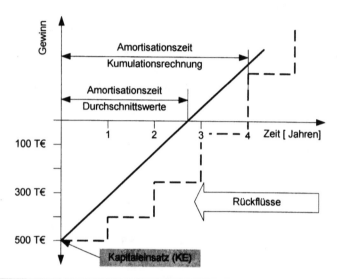

Investition [T€]	Rückfluss innerhalb von 5 Jahren [T€]					
	r_1	r_2	r_3	r_4	r_5	
500	100	150	200	250	200	statisch

Bild 10.3-1:   Berechnung der Amortisationsdauer mittels Durchschnittswert und kumulativ

Neben der Berechnung der Amortisationsdauer mit Hilfe der durchschnittlichen Rückflüsse gibt es einen weiteren Ansatz, die Kumulationsrechnung. Dabei werden die

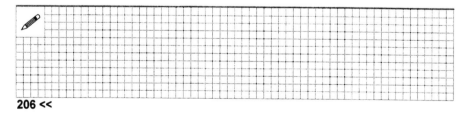

Rückflüsse der einzelnen Jahre so lange aufaddiert, bis sie den Kapitaleinsatz für die Investition ergeben.

$$0 = KE - \sum_{i=1}^{n} r_i$$

KE...Kapitaleinsatz [€]

r_i...Rückfluss im Jahr i nach dem Nutzungsbeginn der Investition [€]

Die Amortisationsdauer entspricht der Anzahl n der benötigten Jahre.

Grafisch ist der Zusammenhang anhand eines einfachen Beispiels im *Bild 10.3-1* dargestellt. Bei der Berechnung der Amortisationsdauer mittels der durchschnittlichen Rückflüsse ergibt sich ein Unterschied im Ergebnis, ob hohe Rückflüsse am Anfang der Amortisationszeit anfallen oder erst später. Bei der kumulativen Berechnung zeigt sich dieses schon im Ergebnis. Hohe Rückflüsse am Anfang führen zu einer kürzeren Amortisationszeit.

Wie in der Übersicht dargestellt, wird bei den Verfahren der Wirtschaftlichkeitsrechnung zwischen statischen und dynamischen Verfahren unterschieden. Diesen Unterschied gibt es auch bei der Amortisationsrechnung. Bei der **dynamischen Amortisationsrechnung** sind die Rückflüsse mit dem Kalkulationszinssatz zu diskontieren (abzuzinsen).

Der Kalkulationszinssatz ist die subjektive Mindestverzinsungsanforderung des Investors an sein Investitionsobjekt. [10/1]

Der Kalkulationszinssatz kann neben reinen (Re-)Finanzierungsaufwenden auch **Risikoelemente** beinhalten. Durch die Diskontierung wird der Wert des Rückflusses auf den Zeitpunkt des Nutzungsbeginns der Investition bezogen.

$$r_{io} = r_i * (1+p)^{-i}$$

r_i... Rückfluss im Jahr i nach dem Nutzungsbeginn der Investition [€]

r_{io}... diskontierter Rückfluss im Jahr i nach dem Nutzungsbeginn [€]

p... Kalkulationszinssatz zur Diskontierung der Rückflüsse

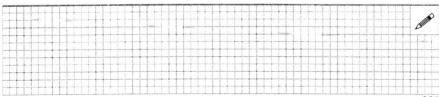

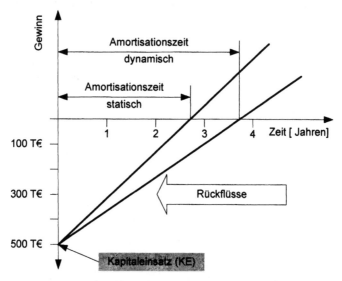

Investition [T€]	Rückfluss innerhalb von 5 Jahren [T€]					
	r_1	r_2	r_3	r_4	r_5	
500	100	150	200	250	200	statisch
	91	124	150	171	124	dynamisch*
*...Diskontiert mit einem Kalkulationszinssatz von 10 %						

Bild 10.3-2: *Vergleich der Amortisationsdauer bei statischer und dynamischer Berechnung*

Bei der dynamischen Berechnung ergibt sich durch die Abzinsung der Rückflüsse eine längere Amortisationsdauer, wie *Bild 10.3-2* zeigt. Zudem zeigt die dynamische Berechnung ganz deutlich, dass es wichtig ist, möglichst früh hohe Rückflüsse zu erwirtschaften. Je später Rückflüsse erwirtschaftet werden, um so stärker werden diese abgezinst und verlieren damit an Wert für die Amortisation.

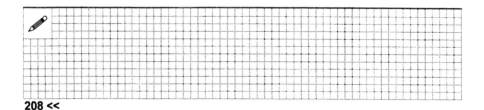

Ähnlich wie bei der statischen Amortisationsrechnung so kann man auch bei der dynamischen das Kumulationsverfahren verwenden. Hier sind entsprechend die diskontierten Rückflüsse einzusetzen.

Der Kapitaleinsatz erfolgt im Rahmen der Produktentwicklung über der Zeit, bis zum Abschluss der Entwicklungsarbeit. Entsprechend sind die Kapitalaufwendungen auch auf den Betrachtungszeitraum zu beziehen, d.h. diese sind in der Regel entsprechend zu verzinsen.

10.3.2 Kapitalwertmethode

Bei der Kapitalwertmethode wird die Wirtschaftlichkeit einer Investition anhand des Kapitalwertes (auch als Vermögenszuwächse bezeichnet) beurteilt. Dieser berechnet sich nach folgender Formel:

$$C_0 = -KE + \frac{r_1}{(1+p)} + \frac{r_2}{(1+p)^2} + \frac{r_3}{(1+p)^3} + \dots + \frac{r_n}{(1+p)^n}$$

KE... eingesetztes Kapital (Investition) [€]

r_i... Rückfluss im Jahr i nach Investition [€]

p... Kalkulationszinssatz zur Diskontierung der Rückflüsse [%]

Dabei muss der Zeitraum der Betrachtung vorher festgelegt werden. Dieses ist meist der im Unternehmen vorgegebene Zeitraum für die Amortisation einer Investition. Es sind drei Fälle beim Kapitalwert zu unterscheiden:

$C_0 = 0$: Eine Investition mit einem Kapitalwert 0 amortisiert sich aus ihren Rückflüssen und erzielt eine Verzinsung in Höhe des angesetzten Kalkulationszinssatzes. Die Investition ergibt eine genau so hohe Verzinsung wie eine Kapitalanlage mit gleichem Zinssatz.

$C_0 > 0$: Eine Investition mit einem Kapitalwert größer 0 erzielt neben der Rückgewinnung des eingesetzten Kapitals eine Verzinsung, die über dem angesetzten Kalkulationszinssatz liegt. Die Investition ist einer gleich verzinsten Kapitalanlage vorzuziehen.

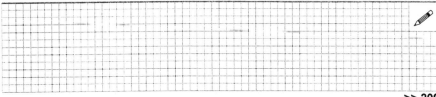

C₀ < 0: Eine Investition mit einem Kapitalwert kleiner 0 erreicht dagegen die geforderte kalkulatorische Verzinsung des Kapitaleinsatzes nicht, bzw. erreicht noch nicht einmal die Amortisation des eingesetzten Kapitals.

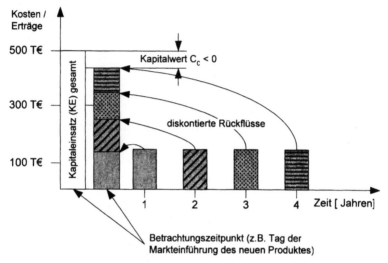

Investition [T€]	Rückfluss innerhalb von 5 Jahren [T€]				
	r_1	r_2	r_3	r_4	
500	150	150	150	150	statisch
	136	124	113	102	diskontiert*
*...Diskontiert mit einem Kalkulationszinssatz von 10 %					

Bild 10.3-3:   Beispiel für die Berechnung des Kapitalwertes C_0

Wie bei den vorher beschriebenen Verfahren, so gilt auch hier, dass insbesondere im frühen Stadium der Entwicklung die Berechnung noch mit großen Unsicherheiten verbunden ist, da sowohl der notwendige Kapitaleinsatz als auch die Rückflüsse nicht gesichert vorliegen und im Wesentlichen auf Schätzungen basieren.

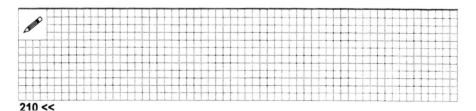

10.3.3 Methode des Internen Zinsfußes

Die interne Zinsfuß-Methode kehrt die Kapitalwertmethode um. Mit dieser Methode wird der Kalkulationszinssatz p für den Grenzfall

$$C_0 = 0$$

berechnet. So ergibt sich eine Aussage über die Verzinsung des eingesetzten Kapitals.

$$C_0 = -KE + \frac{r_1}{(1+p)} + \frac{r_2}{(1+p)^2} + \frac{r_3}{(1+p)^3} + \ldots + \frac{r_n}{(1+p)^n} \overset{!}{=} 0$$

Die Bestimmung des Zinssatzes erfolgt iterativ. In [10/2] wird zudem eine grafische Lösungsmöglichkeit und eine Näherungsformel zur Berechnung von p angegeben.

Der Vergleich unterschiedlicher Produktalternativen erfolgt über den Vergleich der jeweiligen Zinssätze.

Neben der nachfolgend kurz vorgestellten Annuitätenmethode wird die interne Zinsfuß-Methode in der Praxis am häufigsten angewendet.

10.3.4 Annuitätenmethode

Wie die Interne Zinsfuß-Methode so baut auch die Annuitätenmethode auf der Kapitalwertmethode auf. Die Kapitalwertmethode liefert zur Beurteilung einer Investition einen Zahlenwert, den Kapitalwert C_0. Die Annuitätenmethode rechnet den Kapitalwert in gleichbleibende, jährliche („annuum") Beträge, Annuität A, um.

$$A = C_0 * \frac{1}{a_n} = C_0 * \frac{(1+p)^n * p}{(1+p)^n - 1}$$

p...   Kalkulationszinssatz

n...   Anzahl der betrachteten Jahre

$1/a_n$... Kapitalwiedergewinnungsfaktor

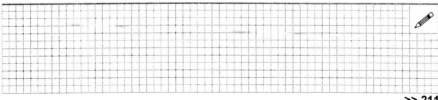

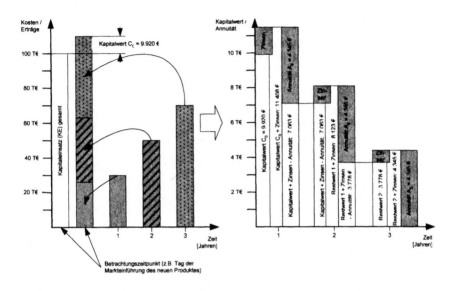

Investition [T€]	Rückfluss innerhalb von 3 Jahren [T€]			
	r_1	r_2	r_3	
100	30	50	70	statisch
	26,0	27,8	46,0	diskontiert*

*...Diskontiert mit einem Kalkulationszinssatz von 15 %

Kapitalwert C_0 = 9.920 €	Annuität A = 4.345 €

Bild 10.3-4:   Beispiel für die Wirtschaftlichkeitsrechnung mit der Annuitätenmethode

Die Annuität bezeichnet den Wert, den das Unternehmen im Betrachtungszeitraum aufgrund der Investition jährlich zusätzlich entnehmen kann. Um so höher der Wert ist, um so lohnender ist die Investition.

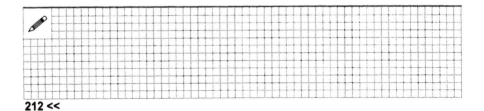

Wie beim Kapitalwert so werden auch bei der Annuitätenmethode drei Fälle unterschieden:

A > 0: Die Investition lohnt sich für das Unternehmen. Beim Vergleich von Alternativen ist die Alternative zu wählen, die bei gleichem Betrachtungszeitraum die höchste Annuität ergibt.

A = 0: Die Investition bringt über die angesetzte Verzinsung hinaus keinen zusätzlichen Ertrag.

A < 0: Die Investition lohnt sich für das Unternehmen nicht.

Beim Vergleich von Entwicklungsprojekten liefert die Annuitätenmethode die gleiche Aussage wie die Kapitalwertmethode.

10.4   Anwendung der Wirtschaftlichkeitsrechnung im Produktentwicklungsprozess

Zu welchem Zeitpunkt innerhalb des Produktentwicklungsprozesses sollte die Berechnung der Wirtschaftlichkeit durchgeführt werden? Sicher lässt sich die Wirtschaftlichkeit der Entwicklung eines neuen Produktes erst dann zuverlässig bewerten, wenn genaue Informationen über die zusätzlichen Rückflüsse durch das Produkt vorliegen. Dann ist es allerdings zu spät, um noch Einfluss zu nehmen.

Die Wirtschaftlichkeitsrechnung sollte deshalb erstmals bereits nach dem Abschluss der Produktdefinition angewendet werden. Zu diesem Zeitpunkt liegen geschätzte Zahlen über den erwarteten Absatz vor, der Zielmarktpreis ist definiert und der geplante Gewinn pro verkauftem Produkt ist bestimmt. Außerdem ist auf der Basis der Projektplanung für das Entwicklungsprojekt der Kostenplan mit den geschätzten Projektkosten vorhanden. Auf dieser Basis kann mit Hilfe der genannten Verfahren eine erste Wirtschaftlichkeitsrechnung durchgeführt werden und die Wirtschaftlichkeit der Investition beurteilt werden. Bei mehreren Projektalternativen kann so entschieden werden, welche Projektalternative wirtschaftlich sinnvoller ist.

Im weiteren Verlauf des Entwicklungsprojektes kann die Wirtschaftlichkeitsrechnung wiederholt werden, wenn die Zahlenbasis genauer wird. Nachdem das Produkt in der bestehenden Form aus dem Markt genommen wurde, ist auf jeden Fall nochmals

eine Wirtschaftlichkeitsrechnung durchzuführen, die dann auf der Basis gesicherter Zahlen eine abschließende Beurteilung des Produktes ermöglicht.

Im **Verlauf des Entwicklungsprozesses** zeigen sich meist mehrere alternative Lösungsmöglichkeiten für ein Produkt auf. Diese führen vielfach zu unterschiedlichen Investitionen im weiteren Verlauf der Entwicklung bis hin zur Realisierung und den Rückflüssen.

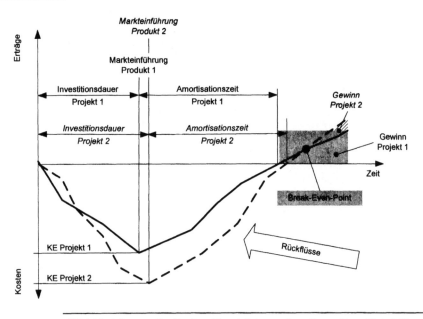

Bild 10.4-1:   Grafischer Vergleich zweier alternativer Entwicklungs-
                 projekte

Bild 10.4-1 zeigt, wie mit der weiter oben eingeführten einfachen Darstellung von Investition und Amortisation anschaulich ein Vergleich von Alternativen durchgeführt werden kann. Das Bild zeigt zwei alternative Entwicklungsprojekte: Projekt 1 mit geringerem Kapitaleinsatz und kürzerer Amortisationszeit, Projekt 2 mit höherem Kapitaleinsatz und längerer Amortisationszeit. Ab dem dargestellten Break-Even-Punkt ist

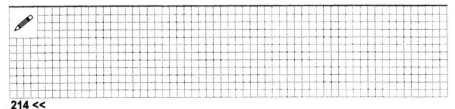

der Gewinn aus dem Projekt 2 aber höher als aus dem Projekt 1.

Mit Hilfe der einfachen Darstellung kann so sehr schnell die Wirtschaftlichkeit verschiedener Alternativen im Rahmen der Produktentwicklung veranschaulicht werden.

Im Rahmen einer kostenorientierten Produktentwicklung sind während des Entwicklungsprozesses vielfach Entscheidungen notwendig, welche Alternative nun die wirtschaftlichere ist. Dazu wird die Wirtschaftlichkeitsrechnung in der beschriebenen Form nicht eingesetzt, da dies zu aufwendig wäre. Mit Hilfe einfacher Verfahren, wie beispielsweise der Kostenvergleichsrechnung, können diese Entscheidungen abgesichert werden. Wie mit Hilfe solcher Verfahren die Kosten innerhalb des Entwicklungsprozesses abgeschätzt werden können, wird beispielsweise in [10/4] beschrieben.

Literaturverzeichnis

| 2/1 | Kotler, P. | *Marketing-Management* |
| | Bliemel, F. | 9. Auflage, Stuttgart: Verlag Schäffer-Poeschel, 1999 |

2/2	Brockhoff, K.	*Produktpolitik*
		UTB Uni-Taschenbücher,
		4. Auflage,
		Jena: Gustav Fischer Verlag Stuttgart, 1999

2/3	Ulrich, K.T.;	*Product Design and Development*
	Eppinger, S. D.	2. Edition
		McGraw-Hill Higher Education, 2000

2/4	Kluge, J.;	*Wachstum durch Verzicht: Schneller Wandel zur*
	u.a.	*Weltklasse: Vorbild Elektronikindustrie*
		Stuttgart: Verlag Schäffer-Poeschel, 1994

| 2/5 | DIN 2330 | Begriffe und Benennungen; Allgemeine Grundsätze |
| | | Ausgabe 12.1993 |

2/6	Hubka, V.	*Theorie der Maschinensysteme – Grundlagen einer*
		wissenschaftlichen Konstruktionslehre
		Berlin, Heidelberg [u.a.]: Springer-Verlag, 1973

3/1	Cooper, R. G.	*Tops oder Flops in der Produktentwicklung – Erfolgs-*
		strategien: Von der Idee zum Launch
		Wiley-VCH Verlag GmbH, 2002

3/2	Cooper, R.G.;	*Optimizing the State Gate Process – What Best Prac-*
	Edgett, S.J.;	*tice Companies are Doing – Part I*
	u.a.	In: Research Technology Management, 45 (2002) 5,
		S. 21 - 27

3/3	Ulrich, K.T.;	*Product Design and Development*
	Eppinger, S. D.	2. Edition
		McGraw-Hill Higher Education, 2000

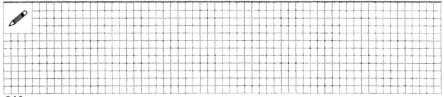

3/4	**VDI-Richtlinie 2206**	*Entwicklungsmethodik für mechatronische Systeme* VDI-Gesellschaft Entwicklung Konstruktion Vertrieb Ausgabe: 06.2004
3/5	**Koller, R.**	*Konstruktionslehre für den Maschinenbau – Grundlagen zur Neu- und Weiterentwicklung technischer Produkte mit Beispielen* 4. Auflage; Berlin, Heidelberg [u.a.]: Springer Verlag, 1998
3/6	**Hacker, W. (Hrsg.)**	*Denken in der Produktentwicklung – Psychologische Unterstützung der frühen Phasen* Zürich: vdf Hochschulverlag Ag an der ETH Zürich, 2002
3/7	**Preston, G. S.; Reinertsen, D. G.**	*Developing products in half the time;* 2. Edition Verlag John Wiley Sons Inc., 1998
3/8	**Hab, G.; Wagner, R.**	*Projektmanagement in der Automobilindustrie – Effizientes Management von Fahrzeugentwicklungsprojekten entlang der Wertschöpfungskette* Wiesbaden: Betriebswirtschaftlicher Verlag Dr. Th. Gabler, 2004
3/9	**Boy, J.; Dudek, C.; u.a.**	*Projektmanagement – Grundlagen, Methoden und Techniken, Zusammenhänge* 11. Auflage, Offenbach: GABAL-Verlag, 2003
3/10	**Engeln, W.**	*Projektmanagement* Skript zur Vorlesung Projektmanagement, Hochschule Pforzheim, 2005
3/11	**Diethelm, G.**	*Projektmanagement Bd. 1 Grundlagen Projektmanagement Bd. 2: Sonderfragen* Herne, Berlin: Verlag Neue-Wirtschafts-Briefe, 2000/2001

4/1	**Meffert, H.**	*Marketing-Grundlagen marktorientierter Unternehmensführung* 8. Auflage, Eisbaden: Gabler-Verlag, 1998
4/2	**Bleicher, K.**	*Das Konzept Integriertes Management* *Visionen – Missionen - Programme;* 6. Auflage, Frankfurt [u.a.] Campus Verlag, 2001
5/1	**Partsch, H.**	*Requirements-Engineering systematisch;* Berlin, Heidelberg, [u.a.]: Springer-Verlag, 1998
5/2	**Salcher, E. F.**	*Psychologische Marktforschung* *2., neubearbeitete Auflage* Verlag de Gruyter, 1995
5/3	**Meffert, H.**	*Marketing-Grundlagen marktorientierter Unternehmensführung* Gabler-Verlag, 1998
5/4	**Pahl, G.;** **Beitz, W.; u.a.**	*Konstruktionslehre - Grundlagen erfolgreicher Produktentwicklung. Methoden und Anwendungen* 6. Auflage, Berlin, Heidelberg [u.a.]: Springer-Verlag, 2004
5/5	**Saatweber, J.**	*Kundenorientierung durch Quality Function Deployment – Systematisches Entwickeln von Produkten und Dienstleistungen* München, Wien: Carl Hanser Verlag, 1997
5/6	**VDI-Richtlinie** **2519**	Blatt 1 *Vorgehensweise bei der Erstellung von Lasten-/Pflichtenheften;* Ausgabe: 12.2001 Blatt 2 *Lastenheft/Pflichtenheft für den Einsatz von Förder- und Lagersystemen;* Ausgabe: 12.2001

5/7   **Kano, N.;**   *Attractive Quality and Must be Quality*
        Seraku, N.;   In: Quality Journal, 14 (1984) 2, S. 39-48
        Takahashi, F.;
        Tsuji, S.

6/1   **DIN EN 1325-1**   *Value Management, Wertanalyse, Funktionenanalyse, Wörterbuch*
        Teil 1: Wertanalyse und Funktionenanalyse
        Deutsche Fassung EN 1325-1
        Beuth-Verlag GmbH, 1996

6/2   **DIN EN 12973**   *Value Management – Deutsche Fassung 2000*
        Beuth-Verlag GmbH, 2000

6/3   **Steffen, D.**   *Design als Produktsprache*
        Frankfurt: Verlag form GmbH, 2000

6/4   **Godau, M.**   *Produktdesign – Eine Einführung mit Beispielen aus der Praxis*
        Edition form
        Basel: Birkhäuser-Verlag für Architektur, 2003

6/5   **VDI-Richtlinie**   *Funktionsanalyse, Grundlagen und Methoden*
        2803 Blatt 1   Beuth-Verlag, 1996
        Ausgabedatum: 10.1996

6/6   **Gierse, F. J.**   *Funktionen und Funktionenstrukturen – Zentrale Werkzeuge der Wertanalyse*
        VDI-Bericht Nr. 849
        Düsseldorf, VDI-Verlag 1990

6/7   **Buggert, W.;**   *Target Costing*
        Wielpütz, A.   München, Wien: Hanser Fachbuchverlag 1995

6/8   **Hacker, W. (Hrsg.)**   *Denken in der Produktentwicklung – Psychologische*
                                 Unterstützung der frühen Phasen
                                 Zürich: vdf Hochschulverlag Ag an der ETH Zürich,
                                 2002

6/9   **Arbinger, R.**   *Psychologie des Problemlösens – Eine anwen-*
                                 dungsorientierte Einführung
                                 Darmstadt: Wissenschaftliche Buchgesellschaft, 1997

6/10   **VDI-Richtlinie**   *Technische Regeln*
        2807 Blatt 1   *Teamarbeit – Anwendung in Projekten aus Wirt-*
        (Entwurf)   *schaft, Wissenschaft und Verwaltung*
                                 Beuth-Verlag 1996
                                 Ausgabedatum: 06.1996

6/11   **Probst, G.;**   *Wissen managen: wie Unternehmen ihre wertvollste*
        Raub, S.; Rom-   *Ressource optimal nutzen*
        hardt, K.   5. Auflage, Wiesbaden: Gabler Verlag, 2003

6/12   **Schweizer, P.**   *Systematisch Lösungen finden – Ein Lehrbuch und*
                                 Nachschlagewerk für Praktiker
                                 2. Auflage
                                 Zürich: vdf Hochschulverlag AG, 2002

6/13   **Gausemeier, J.;**   *Produktinnovation – Strategische Planung und Ent-*
        Ebbesmeyer, P.;   *wicklung der Produkte von morgen*
        Kallmeyer, F.   München, Wien: Carl Hanser Verlag, 2001

6/14   **Nöllke; M.**   *Kreativitätstechniken*
                                 Planegg: STS-Verlag, 1998
                                 (Taschen-Guides)

6/15   **Schlicksupp, H.**   *Innovation, Kreativität und Ideenfindung*
                                 6. Auflage; Würzburg: Vogel Buchverlag, 2004

6/16   Neumann, D.   *Technologieanalyse BIONIK*
        (Hrsg.)   Düsseldorf: VDI-Verlag, 1993

6/17   Barthlott, W.;   *Purity of the sacred lotus, or escape from contamina-*
        Neinhuis, C.   *tion in biological surfaces*
                           In: Planta (1997) 202: S. 1-8 (Springer Verlag)

6/18   Nachtigall, W.   *Bionik – Grundlagen und Beispiele für Ingenieure*
                           und Naturwissenschaftler
                           2. Auflage, Berlin, Heidelberg: Springer, 2002

6/19   Linde, H.;   *Innovationen gezielt provozieren mit WOIS –*
        Drews, R.   *Erfahrungen aus der Automobilindustrie*
                           In: Konstruktionstechnik 47 (1995), S. 311-317
                           Springer-Verlag 1995

6/20   Herb, R.; Herb, T.; *TRIZ- Der systematische Weg zur Innovation*
        Kohnhauser, V.   Landsberg/Lech: mi Verlag modere Industrie, 2000

6/21   Altschuller, G.;   *Flügel für Ikarus – Über die moderne Technik des*
        Seljuzki, A.   *Erfindens*
                           Moskau: Verlag MIR und Leipzig: Urania-Verlag,
                           1983

6/22   Krehl & Partner   *Value Management*
        (Hrsg.)   Seminarunterlagen
                           Krehl & Partner – Die Value Manager
                           Karlsruhe, 2002

7/1   Koller, R.   *Konstruktionslehre für den Maschinenbau – Grundla-*
                          gen zur Neu- und Weiterentwicklung technischer Pro-
                          dukte mit Beispielen
                           4. Auflage; Berlin, Heidelberg [u.a.]: Springer Verlag,
                           1998

7/2   Gausemeier, J.;   *Produktinnovation – Strategische Planung und Ent-*
        Ebbesmeyer, P.;   *wicklung der Produkte von morgen*
        Kallmeyer, F.   München, Wien: Carl Hanser Verlag, 2001

7/3 **Bruns, M.** *Systemtechnik – Methoden zur interdisziplinären Systementwicklung*
Berlin, Heidelberg, [u.a.]: Springer-Verlag, 1991

7/4 **Schuh, G.;** *Produktkomplexität managen – Strategien, Metho-*
Schwenk, U. *den, Tools*
München, Wien: Carl Hanser Verlag, 2001

7/5 **Ehrlenspiel, K.** *Integrierte Produktentwicklung – Denkabläufe, Methodeneinsatz, Zusammenarbeit*
2. Auflage, München, Wien: Carl Hanser Verlag, 2003

7/6 **Pahl, G.;** *Konstruktionslehre - Grundlagen erfolgreicher Pro-*
Beitz, W.; u.a. *duktentwicklung. Methoden und Anwendungen*
6. Auflage, Berlin, Heidelberg [u.a.]: Springer-Verlag, 2004

7/7 **Pillar, F. T.;** *Mass Customization*
3. Auflage, Wiesbaden, DUV Gabler Edition Wissenschaft, 2003

7/8 **Bongulielmi, L.** *Die Konfigurations- & Verträglichkeitsmatrix als Beitrag zur Darstellung konfigurationsrelevanter Aspekte im Produktentstehungsprozess*
Dissertation (Diss. Nr. 14904), ETH Zürich; 2002

7/9 **Erixon, G.** *Modular Function Development (MFD) – Support for Good Product Structure Creation*
2. WDK Workshop on Product Structuring,
June 3-4-96, Delft (NL)

7/10 *Der neue Audi A6*
Sonderausgabe ATZ (Automobiltechnische Zeitschrift) und MTZ (Motortechnische Zeitschrift)
Verlag Friedr. Vieweg & Sohn, 1997

7/11   **Müller, M.**   *Modularisierung von Produkten – Entwicklungszeiten*
                                und Kosten reduzieren
                                Reihe Pocket Power Einkauf und Logistik;
                                München, Wien: Carl Hanser Verlag, 2000

9/1   **Saatweber, J.**   *Kundenorientierung durch Quality Function Deploy-*
                                ment – Systematisches Entwickeln von Produkten
                                und Dienstleistungen
                                München, Wien: Carl Hanser Verlag, 1997

9/2   **N.N.**   *QFD Quality Function Deployment – Mit besseren*
                                Produkten schneller am Markt
                                Robert Bosch GmbH

10/1   **Däumler K.-D.**   *Grundlagen der Investitions- und Wirtschaftlichkeits-*
                                rechnung
                                11. Auflage,
                                Herne, Berlin: Verlag Neue-Wirtschafts-Briefe, 2003

10/2   **Warnecke, H.-J.;**   *Wirtschaftlichkeitsrechnung für Ingenieure*
        Bullinger, H.-J;   3. Auflage, München, Wien: Carl Hanser Verlag,
        Hichert, R.   1996

10/3   **Engeln, W.;**   *Nutzen- und Risikobewertung von Aufträgen im Son-*
        Caspers, E.   *dermaschinen- und Anlagenbau*
                                In: PPS Management, Heft 2/2003,
                                GITO mbH Verlag für Industrielle Informationstechnik
                                und Organisation

10/4   **Ehrlenspiel, K.;**   *Kostengünstig entwickeln und konstruieren Integrier-*
        Kiewert, A.;   *te Produktentwicklung – Kostenmanagement bei der*
        Lindenmann, U.   *Integrierten Produktentwicklung*
                                5. Auflage, Heidelberg, Berlin [u.a.]: Springer-Verlag,
                                2005

Stichworte